MI SALARIO

Diseño de tapa
EL OJO DEL HURACÁN

BERNARDO HIDALGO

MI SALARIO

Cómo calcularlo
y negociarlo con éxito

GRANICA

ARGENTINA - ESPAÑA - MÉXICO - CHILE - URUGUAY

© 2014 *by* Ediciones Granica S.A.

ARGENTINA
Ediciones Granica S.A.
Lavalle 1634 3° G / C1048AAN Buenos Aires, Argentina
Tel.: +54 (11) 4374-1456 Fax: +54 (11) 4373-0669
granica.ar@granicaeditor.com
atencionaempresas@granicaeditor.com

MÉXICO
Ediciones Granica México S.A. de C.V.
Valle de Bravo N° 21 El Mirador Naucalpan Edo. de Méx.
(53050) Estado de México - México
Tel.: +52 (55) 5360-1010 Fax: +52 (55) 5360-1100
granica.mx@granicaeditor.com

URUGUAY
Ediciones Granica S.A.
Scoseria 2639 Bis
11300 Montevideo, Uruguay
Tel: +59 (82) 712 4857 / +59 (82) 712 4858
granica.uy@granicaeditor.com

CHILE
granica.cl@granicaeditor.com
Tel.: +56 2 8107455

ESPAÑA
granica.es@granicaeditor.com
Tel.: +34 (93) 635 4120

www.granicaeditor.com
Reservados todos los derechos, incluso el de reproducción
en todo o en parte, y en cualquier forma
GRANICA es una marca registrada
ISBN 978-950-641-830-4
Hecho el depósito que marca la ley 11.723
Impreso en Argentina. *Printed in Argentina*

Hidalgo, Bernardo
  Mi salario : cómo calcularlo y negociarlo con éxito . - 1a ed. -
Ciudad Autónoma de Buenos Aires : Granica, 2014.
  272 p. ; 22x15 cm.

  ISBN 978-950-641-830-4

  1. Superación Personal. I. Título
  CDD 158.1

A mis cinco hijos,
Federico, Agustín, Dolores, Florencia y Francisco.
Y a mi nieto, Pedro, quien sin darse cuenta
me está dando mucho placer en mi nuevo rol,
el de abuelo.
Bernardo Hidalgo

A mis padres, Susana y Norberto, cuyo
ejemplo forjó gran parte de quien hoy soy.

A Bernardo, por su generosidad
y confianza en mí, porque su amor
me inspira y me potencia.
Verónica Piasco

ÍNDICE

AGRADECIMIENTOS   13

PRECISAMENTE, A USTED   15

PRIMERA PARTE
LOS CONCEPTOS EN JUEGO

Capítulo 1
EL ESCENARIO DE LA NEGOCIACIÓN   21
     Competitividad de organizaciones y personas   21
     Un juego globalizado   24
     Algunos números y una reflexión   26
     Desempleo y talento   29
     Caída de barreras   31
     Fusiones y adquisiciones   32
     La tecnología como usina de cambios   34
     Distintas generaciones, diferentes demandas   37
     Impacto de los factores macro en lo micro   41
     Inflación y costo de vida   42
     La fuerza del sindicato   45
     Por qué es importante la remuneración   49

Capítulo 2
ALGUNOS CRITERIOS DE COMPENSACIÓN   55
     Salarios y beneficios complementarios   59
     Políticas de pagos y talento   61
     Competir por los clientes, competir por el talento   64
     ¿Por qué pagan como pagan?   66
     Algunas creencias que se transforman   68

Capítulo 3
QUÉ ES LA COMPENSACIÓN TOTAL   73
Dimensiones de la retribución   74
     Un enfoque tradicional valioso   80
     Clases y categorías de compensación   82
     Salario fijo   84
     Salario variable (a corto y a largo plazos)   87

Beneficios 91
Beneficios no monetarios 96
Proyecto profesional laboral 99
Tarea 100
Compañía 103
Más que dinero 106

Capítulo 4
CUANTIFICAR LOS BENEFICIOS 109
Posibilidades y límites de la cuantificación 110
Consideraciones sobre la cuantificación de beneficios 114
Beneficios de fácil cuantificación 117
Beneficios de cuantificación compleja pero posible 124
Beneficios de cuantificación muy difícil o imposible 126
Visibilidad de los beneficios 127
Sugerencia al lector 129

Capítulo 5
LA REMUNERACIÓN DEL TRABAJADOR INDEPENDIENTE 131
Dos frentes principales 132
Desafíos del trabajo independiente 135
Cómo fijar el precio de los servicios 139
La diferencia entre precio y valor 147

Capítulo 6
LA REMUNERACIÓN EN LAS EMPRESAS FAMILIARES 151
Afectos, sentimientos, emociones 156
Soy el dueño, voy a ser el dueño, soy pariente del dueño 157
Aquí también, previsibilidad 158
Problemas más frecuentes 160
Cómo reconocer un buen plan de compensaciones 163

INTERMEZZO

Capítulo 7
MOMENTO DE INTROSPECCIÓN. Por Verónica Piasco 171
¿Qué busco? 172
Reflexionar para conocerse 172
Dos actores en busca de una relación 177
El derecho a elegir 180
Revisar nuestras creencias 186

Pensar estratégicamente	190
Somos un producto que merece ser mostrado	192
"Cualquier semejanza con hechos reales…"	193

SEGUNDA PARTE
LA BÚSQUEDA DE LA NEGOCIACIÓN SATISFACTORIA

Capítulo 8
EL MOMENTO DE LA VERDAD. Por Verónica Piasco — 203
Yo quiero — 204
Yo sé, yo soy — 206
Conocer a la contraparte — 208
La perspectiva correcta — 209
Elección y templanza — 210
Armar el rompecabezas y evaluar mis opciones — 211

Capítulo 9
UN CASO PARTICULAR: LA NEGOCIACIÓN DE INGRESO — 215
Antes de la entrevista — 216
Durante la entrevista — 217
Después de la entrevista — 219
Valentina, un caso de negociación de ingreso — 219

Capítulo 10
BÚSQUEDAS LABORALES Y NEGOCIACIONES ESPECIALES — 227
La búsqueda laboral — 229
Procesos de reclutamiento y selección — 232
Procesos de *headhunting* — 233
Negociar la remuneración — 240
Negociar el cambio — 247
Negociar los honorarios profesionales — 250
Procesos de desvinculación — 254
Negociar un nuevo empleo — 262

PARA SEGUIR CONVERSANDO — 265

ACERCA DE LOS AUTORES — 267

AGRADECIMIENTOS

En primer lugar, quiero agradecer a Verónica Piasco, con quien compartimos varias cátedras en posgrados y maestrías de Recursos Humanos. Además de debatir y analizar conmigo desde su amplia experiencia y con su característica agudeza muchos de los contenidos de este libro, lo enriqueció con la escritura de los capítulos 7 y 8. Por lo demás, me hace muy feliz haber sido acompañado por ella, mi mujer, durante todo el proceso de gestación de este libro. ¡Gracias por tu ayuda, Verónica!

Quiero agradecer, además, a mis alumnos y colegas, a mis clientes, a mis colaboradores y a mis amigos: ellos me han ayudado a ver y comprender el colorido abanico de realidades y situaciones con que se relaciona la problemática del salario. En la cotidianidad compartida, confirmo con y en ellos que la remuneración es dinero, pero no solo dinero.

Y, por supuesto, quiero agradecer a Dios, siempre conmigo, con los seres que amo, con todos nosotros.

BERNARDO HIDALGO

PRECISAMENTE, A USTED

La remuneración desempeña un papel muy importante en la vida de las personas, no solo por aquello que les permite comprar, asegurarse o hacer. La remuneración tiene también un componente psicológico, relacionado con la autoestima, la imagen proyectada socialmente, el reconocimiento de los demás, la satisfacción personal. Por eso, en las negociaciones salariales, los sentimientos de victoria o derrota, de ganancia o pérdida, no se correlacionan siempre de modo estricto con los porcentajes o las cifras finalmente pactadas. Hay algo que excede los números, los días adicionales de vacaciones obtenidos o un nuevo y mejor seguro médico. Hay algo de nosotros mismos, difícil de definir, pero que sentimos claramente que se nos juega ahí, para bien o para mal.

¿En qué condiciones se llevan adelante las negociaciones en torno al salario? Con frecuencia, en el marco de una relación dispar de fuerzas, ya sea porque no todos los actores dispongan de la misma cantidad y calidad de información, ya porque el respaldo y las urgencias de unos y otros sean diferentes. Así, por ejemplo, mientras las empresas tienen acceso a encuestas de mercado y a diversos indicadores estadísticos o económicos sobre niveles y modalidades de remuneración, sus colaboradores raramente conocen esa información. O la tienen pero desvirtuada, como cuando alguien compara solamente el número de horas trabajadas por un amigo y deja de lado los antecedentes o la calidad de su desempeño, o el negocio o el tipo de actividad a la que se dedica. Sea por una razón u otra, el resultado es que, en la mayoría de los casos, la negociación no se desenvuelve en condiciones de igualdad; como grafica la metáfora futbolera: la cancha parece siempre estar inclinada. Si a esto se agrega que las partes abandonan el objetivo de alcanzar un acuerdo beneficioso para todos o "ganar-ganar", el corolario de lo pactado puede resultar, en el corto o mediano plazo, en la ruptura de la relación laboral.

Estos y otros aspectos que iremos desarrollando en las próximas páginas están involucrados en el tema del salario, un asunto que atañe a todos en el mundo laboral. Usted lo sabe, estimado lector. No importa si se trabaja en el sector privado, en el estatal o en organizaciones de la sociedad civil, la cuestión de la recompensa tarde o temprano hay que abordarla. Y ese trámite, a la mayoría de las personas, le resulta espinoso.

Llevo más de tres décadas dedicado al tema de las remuneraciones. Lo he estudiado, lo he pensado y lo he tenido que manejar en la práctica, como trabajador en relación de dependencia (que lo fui durante muchos años) y también como profesional de los Recursos Humanos. Sentado alternativamente de uno y otro lado de la mesa de negociaciones, he vivido y experimentado las muchas aristas involucradas; desde las necesidades y los requerimientos de quien está dialogando, discutiendo o pactando su ingreso, hasta los sinuosos vericuetos que pueden atravesar los vínculos interpersonales. Por sobre todo, sé de los éxitos y de los fracasos originados y/o reforzados por un acuerdo salarial feliz… o por uno desafortunado.

Tal vez suene trivial señalar la importancia de que quien pague y quien cobre consideren que la remuneración acordada es justa, cualquiera sea su monto y especie. Sin embargo, puedo asegurar que muchas veces el asunto deviene en tabú. ¿Las razones? De todo tipo, desde la complejidad de poner un precio a asuntos intangibles (el compromiso, la confianza, la dedicación a la tarea) hasta la incomodidad de condicionar la inclusión de alguien en un proyecto atractivo o "elevado" a una cifra contante y sonante, una promesa de continuidad, un seguro de retiro o un bonus por resultados. La experiencia me ha demostrado una y otra vez que la única forma de remover estos obstáculos es, en primer lugar, identificarlos y, en segundo, contar con las herramientas apropiadas para salvarlos. Porque a este respecto, como en tantos otros de la vida, el silencio es una mala, muy mala opción.

No es el propósito de este libro brindar una visión teórica o académica de estos temas. Tampoco abundar en las características del herramental específico imprescindible para el profesional especializado en Recursos Humanos. A diferencia de mi trabajo anterior,[1] en esta obra busco dialogar con otro interlocutor: el hombre o la mujer que necesitan resolver cuestiones relacionadas con su salario o con la remuneración de sus empleados "sin morir en el intento"; es decir, sin agotarse, dañarse o resentirse en ese proceso. Me propongo compartir enfoques, experiencias y herramientas concretas para establecer acuerdos de compensación beneficiosos y efectivos en la satisfacción de las demandas de ambas partes, y –muy importante– sostenibles en el largo plazo. Como podrá comprobar rápidamente, la visión que presento es accesible para cualquiera que esté interesado en entender para actuar. A esta clase de lector se dirige este libro. Precisamente, a usted.

BERNARDO HIDALGO
Septiembre de 2014

---

1. Hidalgo, Bernardo: *Remuneraciones inteligentes. Una mirada sencilla para atraer, retener y motivar al talento.* Granica, Buenos Aires, 2011.

PRIMERA PARTE

LOS CONCEPTOS EN JUEGO

CAPÍTULO 1

EL ESCENARIO DE LA NEGOCIACIÓN

Globalización, desempleo, competitividad, sindicalización, mano de obra, talento... En este capítulo, presento las principales características que distinguen hoy al mercado laboral. Si bien el tema justificaría una obra completa, lo que aquí expongo recorre las coordenadas más importantes que cualquier persona debe tener en cuenta toda vez que trate de pensar y negociar su salario.

Sin dudas, la cuestión de la remuneración no puede abordarse en abstracto. Todos negociamos desde un aquí y un ahora determinados, y en función de un futuro que creemos posible. Con esto, claro está, no me refiero exclusivamente a la realidad subjetiva de cada uno de nosotros, por ejemplo: cuánto me aprecian en este trabajo o qué estructura de gastos familiares tengo que sostener con mi ingreso. Apunto a un cuadro más amplio y definido, entre otros factores, por la coyuntura que atraviesa una actividad, los cambios culturales en curso, la situación económica de un país, los avatares de la política internacional, la tendencia creciente a la contratación de profesionales independientes, la multiplicación de los emprendedores y los negocios pequeños... Veamos todo esto en detalle.

Competitividad de organizaciones y personas

Una de las características permanentes del mercado de empleo es el cambio. Cambian las organizaciones y cambian quienes ofrecen su trabajo; cambian las demandas de los clientes a las empresas y cambian los productos y servicios que estas brindan. Cambia lo que se espera de los recursos humanos y cambian las expectativas de quienes buscan empleo. Cambia la manera de trabajar y hasta cambia la valoración social de las diferentes profesiones y oficios. En suma, las organizaciones y su gente cambian para adaptarse a los nuevos escenarios y los nuevos requerimientos. Permítame usted presentarle un ejemplo.

La llegada de la telefonía móvil durante la década de 1990 marcó el inicio de una mudanza radical en nuestra manera de comunicarnos. Los primeros teléfonos celulares que se comercializaron en la Argentina pesaban algo más de dos kilogramos y costaban unos tres mil dólares estadounidenses, un precio bastante respetable para un artefacto que nos permitía... hablar, solamente. Sin embargo, quienes nos incorporamos a este flamante mercado como usuarios no nos conformamos con aquel pesado aparato y reclamamos más: más modelos, más servicios, más diferenciación de tarifas según las prestaciones. Apenas veinte años después –un período breve–, no solo ha crecido astronómicamente el número y la heterogeneidad de los clientes de esa industria, sino también las características de los servicios y los equipos que nos brinda. Amplios segmentos de este mercado disponen hoy de aparatos inteligentes que, dotados de un variado abanico de aplicaciones, nos permiten despertarnos, recordar compromisos y tareas, trabajar, tomar notas, escuchar y leer las últimas noticias, entretenernos, realizar trámites, buscar información, compartir toda clase de archivos, mantener videoconferencias y –¡ah, por cierto!– comunicarnos en el más estricto y tradicional "sentido Alexander Graham Bell" del término.

La innovación y el desarrollo son la dinámica propia de un diálogo virtuoso entre la oferta y la demanda. La telefonía móvil, como negocio, no es la excepción. La mejora sustantiva en los precios de equipos y paquetes de servicio estimula la incorporación a la demanda de un número mayor de clientes, generando una masa crítica que permite mejorar las estructuras de costos gracias al incremento de la escala. De este modo, el mercado de la telefonía celular creció en una proporción similar a la reducción de peso experimentada por aquel aparato de casi dos kilogramos, que se convirtió en los poderosos equipos de poco más de cien gramos que acompañan actualmente nuestra vida cotidiana.

La competencia por ganar la preferencia del consumidor obliga a las empresas a innovar y, por supuesto, a mejorar su productividad. Pero no solo ellas deben actualizarse para ajustarse mejor a lo que sus clientes les demandan para elegirlas. También las personas que trabajan en y para las empresas deben transformarse para acompañar los cambios del mercado. ¿Qué significa todo esto? Que las empresas y su gente deben ser competitivas; es decir, deben aprender a interpretar qué se les pide, qué se les demanda, y deben saber transformarse para poder responder adecuadamente a esos desafíos. La empresa que no cambie cuando sus clientes cambien quedará fuera de juego. Y algo análogo ocurrirá con las personas que en ella trabajan si no cambian mediante la actualización de sus conocimientos, el desarrollo de nuevas competencias y la búsqueda de excelencia en sus prácticas. En suma, tanto la empresa como sus empleados o colaboradores están hoy obligados a superarse día a día, a hacerse cada vez mejores en lo suyo… y a reconvertirse, transformarse y hasta reinventarse si fuera necesario.

El escenario que estoy pintando indica que el incremento geométrico de la competencia en todos los ámbitos coloca a clientes y usuarios en una situación especial: la de poder demandar más y mejores productos y servicios a un precio cada vez más bajo. Entre otras consecuencias, esto trae aparejada una fuerte presión sobre los salarios que componen la estructura de costos. Pero, paradójicamente, ese mismo individuo que desde su rol de cliente exige, por ejemplo, una mejor cobertura de salud –o sea, una cobertura de mayor calidad y menor precio– es también con frecuencia un profesional que, a la hora de emplearse como auditor *Senior* en una consultora, encuentra cada vez más dificultades para mejorar su remuneración. Todos exigen competitividad. A todos nos exigen competitividad. ¿Cómo lograrla?

Un juego globalizado

A escala mundial, las reacciones frente a las crisis económicas adoptan formas variadas. A diferencia de lo que ocurría hasta hace unas pocas décadas, cuando el sitio en donde una empresa estaba radicada constituía un dato casi definitivo, muchas compañías hoy migran con una frecuencia sorprendente en busca de la locación, el país, la región y hasta el continente que brinde las condiciones más ventajosas para su competitividad. Así, mientras que la empresa tradicional se arraigaba profundamente allí donde se establecía (compraba el predio donde instalaba su planta, integraba su producción, establecía sólidas alianzas con su cadena de valor), la empresa de hoy –en el extremo– evoca más bien la magia del circo itinerante que, en un abrir y cerrar de ojos, puede montar y desmontar su multicolor universo siempre en pos de la estrella de las mejores oportunidades para su espectáculo.

Desde luego, tanto el cierre como la apertura de operaciones tienen un tremendo impacto socioeconómico sobre el empleo directo (personal contratado por la empresa) y sobre el empleo indirecto, ligado a la demanda de alimentos, agua, energía y demás insumos requeridos por la empresa y su gente. Si bien el fenómeno es muy complejo, dado el tema de este libro me interesa enfocarme en los efectos de esta movida global sobre el mercado laboral y, en particular, sobre un segmento específico de quienes conforman la oferta: el talento.

Para las organizaciones, uno de los factores principales a la hora de decidir la migración o la permanencia es la cantidad y la calidad de los recursos disponibles, en particular la disponibilidad de recursos humanos, y la relación de fuerzas entre empleadores y empleados.

Cuidar el centavo

Según el ministro de Industria, Energía y Turismo de España, José Manuel Soria, "[…] la industria europea 'no puede permitirse' incurrir en costes superiores a los de sus competidores americanos y asiáticos, ya que se genera una deslocalización industrial en Europa y una relocalización en otras regiones con costes energéticos más bajos. […] Además, se refirió a la elevada dependencia energética europea y a la importancia de explorar con las máximas garantías medioambientales la búsqueda de hidrocarburos, entre ellos el gas no convencional, que ha supuesto un fuerte descenso de los precios energéticos en Estados Unidos y que está generando cambios profundos en la geopolítica mundial y una renovada reindustrialización en esa economía tras tres décadas en las que el peso de la industria había ido disminuyendo".

Diario *Europa Press*, "Soria defiende en Davos una sostenibilidad compatible con la competitividad". Madrid, 23 de enero de 2014. http://www.europapress.es/economia/noticia-soria-defiende-davos-sostenibilidad-compatible-competitividad-20140123195234.html (consultado el 29 de abril de 2014).

Con frecuencia escuchamos hablar de tasas de desempleo, la cual informa sobre la relación entre el total de la población desocupada (desempleada) y la población económicamente activa (suma de las personas empleadas y desempleadas que están buscando de forma activa un empleo). Las tasas de desempleo brindan un dato sustantivo con respecto a la relación negociadora entre la oferta y la demanda. ¿Por qué? Porque cuanto mayor tasa de desempleo, más los desocupados revisarán sus requerimientos en materia de remuneración para priorizar un objetivo bastante más urgente: reingresar al mundo laboral para después –solo después– ir por más. Veamos...

Algunos números y una reflexión

En la Eurozona[1], por ejemplo, en noviembre de 2013, los índices de desempleo por país se dispersaban en un amplio rango: 27,8% para Grecia, 26,7% para España, 12,7% para Italia, 10,8% para Francia, 8,4% para Bélgica, 5,2% para Alemania y 3,3% para Noruega.[2] Claro que se trata de una realidad muy heterogénea, que abarca desde el desempleo más acuciante a lo que técnicamente se considera una situación de pleno empleo (índices cercanos o menores al 3%), una realidad palpable solo en regiones o ciudades donde la actividad económica se distingue por su prosperidad. A fin de brindar una referencia, recuerdo al lector que en tiempos de la Gran Depresión que afectó a la economía mundial durante la década de 1930, el desempleo en los Estados Unidos ascendía hasta el 25%. Sí, aquel escenario desolador que pintara Charles Chaplin en la extraordinaria *Tiempos modernos* era mensurado por las frías estadísticas con guarismos similares a los que hoy atribuimos a un país como España. Quizás el único matiz que modere en algo la angustia de quien no tiene trabajo –y no sabe cuándo lo conseguirá– sea alguna de las herencias del Estado de Bienestar, como el seguro de desempleo.

En América Latina, en cambio, la desocupación casi no alcanzó los dos dígitos durante 2013. Con la excepción de

---

1. Conjunto conformado por aquellos Estados miembros de la Unión Europea que tienen al euro como moneda corriente.
2. Extraído de http://www.datosmacro.com/paro (consultado el 29 de abril de 2014).

pequeñas economías (Bahamas con 16,2% y Jamaica con 15,4%), el desempleo se mantuvo por debajo o apenas superó los diez puntos porcentuales. Este último caso correspondió a Colombia (10,6%) y Barbados (11%).[3]

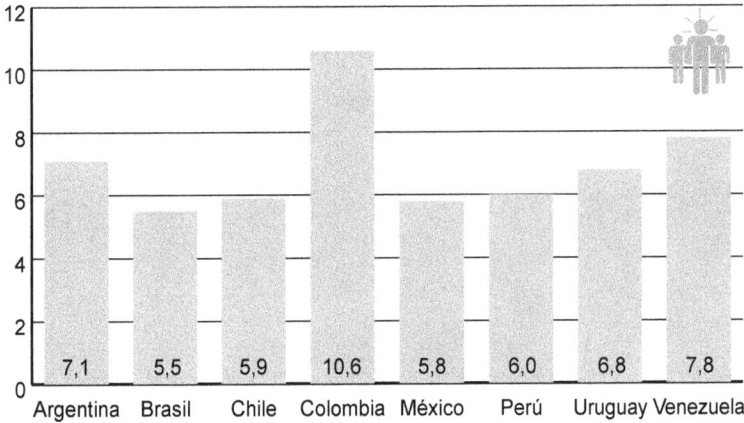

Fuente: CEPAL.

Figura 1. Tasa anual media de desempleo correspondiente a 2013 (principales economías de América Latina).

Si bien las tasas de desempleo constituyen un dato muy relevante, deben interpretarse como un valor global que requiere ser discriminado adecuadamente. Por ejemplo, el 26,7% de desempleo español que mencionamos más arriba, analizado según edades (franja etaria), informa que entre los menores de 25 años la desocupación afecta al 57,7% de esa población, mientras que su impacto en los mayores de esa edad ronda el 24%. Asimismo, el desagregado por sexo, cualquiera sea la edad, indica que el desempleo afecta a hombres

---

3. Datos de la Comisión Económica para América Latina y el Caribe (CEPAL). Disponible en http://interwp.cepal.org/sisgen/Consulta Integrada.asp?IdAplicacion=1&idTema=634&idIndicador=127&idioma=e (consultado el 29 de abril de 2014).

y mujeres casi por igual.[4] Así, cuando se analiza la composición de la masa de desocupados –sobre todo allí donde el fenómeno es más agudo–, pronto se observa la correlación entre ciertas características y el nivel de empleo. Por lo general, el segmento que llamé "talento" es el menos afectado.

Antes de continuar, como especialista que vivió la altísima desocupación que se produjo en la Argentina durante varios de los últimos veinte años, me gustaría hacer algunas reflexiones.

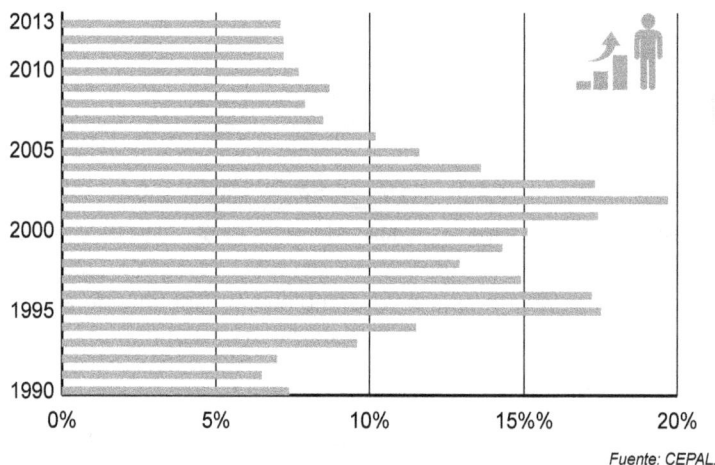

Fuente: CEPAL.

Figura 2. Evolución de la tasa anual media de desempleo en la Argentina.

La huella que deja en las personas haber atravesado una crisis fuerte en el mercado de empleo es difícil de describir. No son solo índices y estadísticas. Se trata de angustia e incertidumbre, de proyectos que se postergan o que se abortan, de roles familiares y sociales jaqueados. Significa dejar de ser "el gerente que vive en el quinto piso", como lo conocían los vecinos, para convertirse simplemente en

---

4. Extraído de http://www.datosmacro.com/paro/espana (consultado el 29 de abril de 2014).

"el señor del quinto" (o "el del quinto que no paga las expensas"). Impulsa a muchas mujeres a dejar de ser quienes "ayudan" con sus ingresos a la economía familiar para convertirse en sostenes de familia... situación que –para muchos hombres– pone en cuestión su figura de "macho alfa". Provoca un replanteo de creencias que hemos incorporado desde chicos y que se arraigan en valores importantes y profundos: "si hiciste bien tu trabajo, no te van a echar", "cuantos más estudios tengas, más probable que encuentres empleo" y otras similares. El desempleo prolongado, apenas interrumpido por trabajos eventuales, termina incluso por modificar en muchos casos la idea de los hijos sobre la disciplina laboral; existen hoy generaciones de niños que nunca han convivido con un mayor (padres, abuelos, tíos) que tenga o haya tenido un empleo.

Estas y muchas otras son las consecuencias de una tasa de desempleo que alcance niveles dramáticos, consecuencias que no solo afectan a quienes efectivamente pierden su trabajo porque, como dice el refrán: "Cuando veas las barbas de tu vecino cortar, pon las tuyas a remojar".

Desempleo y talento

El talento es siempre un recurso humano escaso. Es un tipo de empleado que se demanda de modo prácticamente inelástico. ¿Qué significa esto? Que el talento es algo requerido (se demanda, lo pide el mercado) casi con independencia de los vaivenes económicos.

Como aptitud, el Diccionario de la Real Academia Española define el talento como "capacidad para el desempeño o ejercicio de una ocupación". [5] En el mundo laboral y de las

---

5. http://buscon.rae.es/drae/?type=3&val=talento&val_aux=&origen=REDRAE (consultado el 29 de abril de 2014).

organizaciones, "talento" es sinónimo de personas que disponen de alguna capacidad clave requerida por la empresa. Por mi experiencia profesional, como explico en otro libro,[6] el talento es un recurso humano que, debido a sus conocimientos (aptitudes) y por su voluntad de aplicarlos (actitudes), constituye un elemento valioso para las organizaciones en un momento y en un lugar determinados. ¿Por qué agrego lo del momento y lugar? Porque el talento es una condición dinámica, muy cambiante, que se despliega siempre en relación con un rol en un espacio y tiempos concretos. Por eso, no basta con que alguien tenga muchos estudios o conocimientos especializados, es necesario, además, que sean los demandados por el mercado para el éxito de un negocio. Por lo general, cuando el riesgo (económico, financiero, político) que debe afrontar se incrementa, la organización se torna más necesitada de contar con sus mejores hombres y mujeres, es decir, con sus mejores talentos, porque ellos son la materia prima para la construcción de ventajas competitivas. En los negocios, como en cualquier otra situación de competencia, solo se gana cuando se hace diferencia. Esta es la misión de los talentos: crear, en el momento y el lugar oportunos, la diferencia ganadora.

Esta primera aproximación al tema del salario y su negociación muestra la ventaja de ser un talento. Dados su escasez y valor estratégico, las empresas hacen esfuerzos interesantes por identificarlos entre su gente o por atraerlos a su equipo para después trabajar en retenerlos y motivarlos mientras se encuentren asociados con la organización por un vínculo laboral. Dicho de modo sencillo: ser un talento incrementa nuestra empleabilidad, entendida como el grado de atractivo que un recurso humano tiene para los em-

6. Hidalgo, Bernardo: *Remuneraciones inteligentes. Una mirada sencilla para atraer, retener y motivar al talento.* Ediciones Granica, Buenos Aires, 2011.

pleadores; es decir, para la demanda del mercado laboral. A mayor empleabilidad, mayor fuerza negociadora.

Por supuesto, para poder negociar es necesario contar con información, no solo del lugar donde resido sino además de la actividad económica de la que formo o aspiro a formar parte. Si fuera un profesional especializado en el área de Compras del sector automotriz, si el negocio estuviera en crecimiento y yo me encontrase en la zona adecuada, recibiría seguramente ofertas y gozaría de una mayor posibilidad de elegir. En cambio, si fuera cajero de banco y trabajara en un mercado saturado de personas con mis calificaciones, las posibilidades de crecimiento serían menores, y mayor mi vulnerabilidad a las oscilaciones del negocio.

Caída de barreras

Como mencioné anteriormente, el mercado de empleo se encuentra en constante movimiento. Esto se debe, en parte, a los cambios impulsados desde los gobiernos y relacionados con variables macroeconómicas (producto bruto interno, balanza comercial, tipo de cambio, nivel de empleo y demás) y, en parte, a las transformaciones vinculadas con los estilos de gestión organizacional.

Los cambios generados desde lo político suelen ser rápidos, vertiginosos y, en algunos casos, a corto plazo. Mediante leyes o decretos, los gobiernos introducen, por ejemplo, impuestos más o menos reversibles, que pueden o no definir el futuro (de prosperidad o quebranto) de una empresa y hasta de una actividad productiva. Pero los cambios más significativos y duraderos son los empujados por las organizaciones con el ánimo de mejorar su productividad a nivel local, y también a escala regional y global. Como puede observar cualquiera que haya seguido el derrotero de los modelos de organización durante las últimas décadas, esta clase de innovación en la gestión no solo demanda más tiempo para hacerse efectiva sino que, una vez instalada, su huella es con frecuencia indeleble. Sin dudas, la globalización ha sido una gran promotora de muchas de esas nuevas prácticas.

La disminución en los costos de transporte y de comunicación, así como algunas medidas políticas y económicas, han ampliado el horizonte competidor hasta lugares nunca antes explorados. Tratados de libre comercio bilaterales o regionales, creación de mercados comunes y otras medidas análogas van borrando progresivamente las fronteras y, con ellas, las barreras de ingreso a nuevos competidores. La facilidad con que las empresas internacionales arraigan y desarraigan sus inversiones se ha vuelto asombrosa. Ninguna fortuna invertida por una empresa garantiza su permanencia. El abandono de un mercado puede incluso ser cuestión de horas.

La velocidad del cambio de escenario, entre muchas otras cosas, afecta el mercado de trabajo, convirtiéndose en un dato crítico para la definición de las estrategias laborales de empleados y empleadores. ¿Por qué? Porque la estrategia es una decisión que se toma siempre sobre la base de cierta idea del comportamiento futuro esperado de los competidores y demás actores del mercado (entidades de crédito, autoridades gubernamentales, responsables de la provisión de servicios de infraestructura y logística, etcétera).

Fusiones y adquisiciones

Entre las estrategias que buscan mejorar la productividad de las compañías, se cuentan las fusiones entre firmas y las adquisiciones de unas por parte de otras. Con frecuencia, esas operaciones tienen consecuencias importantísimas para los miembros de las organizaciones que participan en la operación. En algunos casos, significan la apertura de un nuevo horizonte de desarrollo profesional en el marco de una gestión más moderna o de vanguardia. En otros, la posibilidad cierta de ser desvinculado, ya sea porque al fusionarse dos o más compañías algunas posiciones queden multiplicadas (dos gerentes de Ventas o tres gerentes de Administración para una misma región) o porque se introduzca una reingeniería estructural profunda (centralización de funciones en gerencias regionales y cierre de las locales, nuevos diseños matriciales, etcétera).

Nace otro italoamericano

En una decisión que resultó una virtual puñalada al orgullo de muchos italianos, Fiat, la famosa casa automotriz creada en 1899 en Turín por la familia Agnelli, símbolo por excelencia de la industria italiana, anunció ayer no solo que ya no tendrá ese nombre, sino también que abandonará Italia, al trasladar su sede social a Holanda, y la fiscal, al Reino Unido. Desde principios de enero con el control del 100% de su socio norteamericano Chrysler, desde su cuartel general de Turín, Fiat anunció el nacimiento de un nuevo coloso: Fiat Chrysler Automobiles, FCA, séptimo grupo automovilístico mundial, cuyas acciones pasarán a cotizarse en Nueva York y en Milán. [...] "Hoy es uno de los días más importantes de mi carrera en Fiat y Chrysler. Ahora podemos decir que hemos tenido éxito en la creación de una base sólida de un constructor global de automóviles con un bagaje de experiencia y habilidades al mismo nivel que los mejores de la competencia. La adopción de una estructura de gobierno internacional y la prevista cotización mejorará el acceso del grupo a los mercados globales, con evidentes ventajas financieras que complementarán este proyecto", afirmó Marchionne, evidentemente satisfecho. El objetivo es competir con marcas tales como General Motors, Ford Motors, Toyota y Volkswagen.

Diario *La Nación*: "Por su fusión con Chrysler, Fiat cambia de nombre y traslada su sede a Holanda". Buenos Aires, 30 de enero de 2014. Disponible en http://www.lanacion.com.ar/1659693-por-su-fusion-con-chrysler-fiat-cambia-de-nombre-y-traslada-su-sede-a-holanda (consultado el 29 de abril de 2014).

Por eso, a la hora de cambiar de empleo resulta imprescindible tratar de informarnos sobre la organización a la que aspiramos ingresar: sus antecedentes, su posición actual respecto de los competidores, la vigencia de sus productos y otros datos análogos. De ese modo, podremos detectar sus oportunidades y eventuales amenazas a fin de formarnos cierta idea de cuál podría ser el futuro de la firma a la que pensamos asociar el nuestro.

La tecnología como usina de cambios

Aunque parezca un lugar común, es preciso detenernos en este fenómeno, cada vez más acelerado: la tecnología empuja el cambio.

El teletrabajo o la *Home Office* son fenómenos que llegaron para quedarse. Para mucha gente, su trabajo se define por lo que hace y no necesariamente por su relación con un horario y lugar determinados. No todos pueden describir su ocupación si dicen "trabajo de 9:00 a 18:00 en las oficinas centrales de la Compañía Tal", ya que una buena cantidad de puestos de trabajo admiten en su diseño un grado importante de flexibilidad en espacio y tiempo.

No obstante, tanto las organizaciones como las personas que trabajan para ellas deben ser conscientes de que esa flexibilidad no puede llevarse a todos los roles de la empresa. Por ejemplo, entre las posiciones que se vinculan con la prestación de servicios a otras personas, muchas pueden flexibilizarse. Así, donde la condición es entregar un trabajo en un momento cierto para que otro lo emplee como insumo (por ejemplo, los datos para la elaboración de un balance, la documentación de un proyecto arquitectónico, el presupuesto para la realización de un evento empresarial), es posible que podamos prescindir de preestablecer dónde y cuándo debe elaborarse; después de todo, poco importa si el *flyer* para la próxima campaña promocional lo diseñamos durante el fin de semana en el jardín de casa o en el estudio. Por el contrario, cuando la tarea que realizamos se

Atraer e innovar I

El gobierno argentino, a través de su Ministerio de Ciencia, Tecnología e Innovación Productiva, lleva adelante el Programa R@ICES, acrónimo de la Red de Argentinos Investigadores y Científicos en el Exterior. El propósito es "fortalecer las capacidades científicas y tecnológicas del país por medio del desarrollo de políticas de vinculación con investigadores argentinos residentes en el exterior, así como de acciones destinadas a promover la permanencia de investigadores en el país y el retorno de aquellos interesados en desarrollar sus actividades en la Argentina". Desde que fue instituido, el R@ICES logró la repatriación de más de mil científicos.

Entre las líneas de acción del programa, se cuentan la oferta profesional altamente calificada (que ofrece la difusión de los antecedentes profesionales de los científicos e investigadores en el exterior que decidan reinsertarse en el medio profesional argentino incluyéndolos en una base de datos de búsquedas de profesionales de alta calificación, que se difunde en todo el sector científico, tecnológico y empresarial) y la Convocatoria MyPES (convocatoria de proyectos de micro y pequeñas empresas de base tecnológica).

Para más información, puede consultarse el portal http://www.raices.mincyt.gob.ar/ (consultado el 29 de abril de 2014).

inserta en una línea de producción (industrial o no) cuyo ritmo de funcionamiento está preestablecido y/o implica la colaboración simultánea de muchos otros, el teletrabajo se vuelve más difícil de implementar.

Sin duda, los casos más emblemáticos de esta inadecuación los brinda la tradicional línea de producción industrial que –recordémoslo– tanto potenció la productividad de las fábricas. Toyota, por ejemplo, es una fábrica automotriz con niveles de calidad de reconocimiento mundial. Los operadores –es decir, la mano de obra directa– ingresan a la planta por diversos medios, se cambian en los vestuarios, en algunos casos desayunan y se aproximan a su correspondiente puesto en la línea de producción. Hasta aquí, cada uno se maneja según su parecer. Pero cuando la línea se pone en movimiento y pasan su tarjeta por la máquina lectora, comienza su turno y se incorporan a un proceso que les impone sus propias exigencias de espacio y tiempo. Incluso cuando hacen un corte para el almuerzo, tienen alrededor de diez minutos para terminar la tarea del momento y poder dejar el lugar de trabajo. Ni más ni menos. El trabajo de los humanos, en este caso, debe engranar con el de sus compañeros de tareas y con los insumos y las máquinas que posibilitan el ensamblado, todo lo cual reduce la posibilidad de conceder autonomía a cada operario sobre la gestión de sus tareas.

Algo análogo ocurre cuando el trabajo se desarrolla en línea o colaborativamente con otros. Ejemplos típicos son

Atraer e innovar II

Nuestra primera prioridad es hacer que los Estados Unidos sean un imán para atraer nuevos empleos y manufactura. Después de eliminar empleos durante más de 10 años, nuestras empresas manufactureras han agregado alrededor de 500.000 empleos durante los últimos tres. Caterpillar está trayendo empleos de vuelta de Japón. Ford está trayendo empleos de vuelta de México. Después de establecer plantas en otros países como China, Intel está abriendo su planta más moderna aquí en casa. Y este año, Apple nuevamente comenzará a fabricar las computadoras Mac aquí en los Estados Unidos. [...] Si queremos fabricar los mejores productos, también tenemos que invertir en las mejores ideas. Cada dólar que invertimos para correlacionar el genoma humano redituó $140 a nuestra economía. Actualmente, nuestros científicos están correlacionando el cerebro humano para descubrir las respuestas al padecimiento de Alzheimer; desarrollando medicamentos para regenerar los órganos dañados; creando nuevos materiales para que las baterías tengan diez veces más potencia. Ahora no es el momento de aniquilar estas inversiones que crean empleos en ciencias e innovación. Ahora es el momento de llegar a un nivel de investigación y desarrollo nunca visto desde la cima de la Carrera Espacial. Y actualmente, ningún área tiene mayor promesa que nuestras inversiones en la energía americana.

Barack Obama, "Discurso sobre el Estado de la Unión" (versión preparada, fragmento), 12 de febrero de 2013. Disponible en línea en http://www.efe.com/efe/noticias/america/patrocinada/discurso-completo-del-estado-union-2013/2/1040/1968970 (consultado el 29 de abril de 2014).

un servicio de atención telefónica, que puede brindarse en forma remota pero siempre dentro de un horario pautado de antemano. O la atención a proveedores, que suele prestarse en locales y momentos preestablecidos.

En síntesis, la flexibilidad asociada a la implementación del teletrabajo depende siempre del rol, no solo de lo vanguardista o moderno que se busque ser en relación con las prácticas de recursos humanos de una compañía.

Distintas generaciones, diferentes demandas

El mercado del trabajo es eminentemente dinámico, no solo por factores de contexto como los que describí en las páginas anteriores. También porque su composición se modifica al ritmo de los cambios generacionales. Cada generación se distingue, entre tantas otras cosas, por sus hábitos, valores y aspiraciones. En suma, por su cultura. Y aunque no me explayaré en este punto, no quisiera dejar de señalar algunas características de cada grupo etario que constituye la fuerza de trabajo de un mercado. Lejos de pretender hacer una taxonomía acabada y al solo efecto de ilustrar la diversidad cultural señalada, retomaré una clasificación bastante difundida de las cohortes que conviven en el mercado laboral.

- **Los *baby boomers* (1940 - fines de los años 60).** Son hijos de la explosión de la natalidad experimentada en los países anglosajones, principalmente después de finalizada la Segunda Guerra Mundial y con el inicio de la Guerra Fría.
  A escala global, en su juventud fueron los protagonistas y beneficiarios de tiempos de bonanza y del Estado de Bienestar, los que se tradujeron en una importante movilidad social, y ampliación y consolidación de derechos, entre otros, en el ámbito laboral. Herederos

con frecuencia de una cultura del sacrificio muy propia de las grandes migraciones de fines del siglo XIX, se distinguen culturalmente por su gran confianza en causalidades que suponen incontestables. ¿Una expresión típica de esto? Por ejemplo: "Si soy bueno en lo que hago, la organización y el mercado laboral me lo reconocerán en contratos y en dinero". Y claro que se estaba en lo cierto al pensar así... hasta que llegaron las reestructuraciones y reingenierías que caracterizaron las últimas décadas del siglo XX.

En la actualidad, los *baby boomers* constituyen el grupo laboral más cercano a la edad del retiro. Más expectantes de cosechar lo sembrado y de consolidar las posiciones ganadas, suelen despertar las críticas –¡y hasta exasperar!– a los más jóvenes, posicionados en otra etapa de su desarrollo profesional y personal.

- **La Generación X (1970-1980).** Hijos de los *baby boomers*, se distinguen por un escepticismo bastante ajeno a sus padres. Se muestran desencantados de sus grandes ideales y ganados con frecuencia por el pesimismo. Asistieron al fin de la Guerra Fría, la revolución neoconservadora y la caída del Muro de Berlín. Ellos comprobaron tempranamente y en carne propia que un título universitario no garantizaba *per se* ni un lugar en el mercado ni un salario de excepción. Hoy, pasando los 30 años y entrando en los 40, influidos quizás más de lo que ellos mismos se dan cuenta por las expectativas sembradas por los *baby boomers*, saben que en el mundo del trabajo todo esfuerzo es una apuesta. Y aceptan el riesgo como un componente intrínseco de ese juego.

- **La Generación Y (1980-1995).** Contemporáneos de la explosión informática y en las comunicaciones, se distinguen por su fluida relación con las nuevas tecnologías. Sus modelos familiares se encuentran con frecuencia alejados del tradicional, y es frecuente su pertenencia a familias uniparentales o ensambladas: para ellos, la foto "papá, mamá, hermanitos y mascota" no es más que una posibilidad entre otras.

Valoran su tiempo, su proyecto de vida y el cuidado ambiental. Y todo esto se lo toman bastante en serio. El trabajo es un medio más que un fin o un espacio excluyente de realización personal. Saben que todo cambia, continuamente. Que nada es para siempre, mucho menos un empleo. Más bien iconoclastas, las jerarquías tienen para ellos un valor eminentemente instrumental: los títulos y honores no los deslumbran. Dispuestos casi por naturaleza a aceptar la diversidad y a sumarse al trabajo en colaboración, representan para las organizaciones hoy uno de los más arduos desafíos, ya que los talentos que pertenecen a esta generación suelen mostrarse inmunes a las fórmulas clásicas de atracción, retención y motivación.

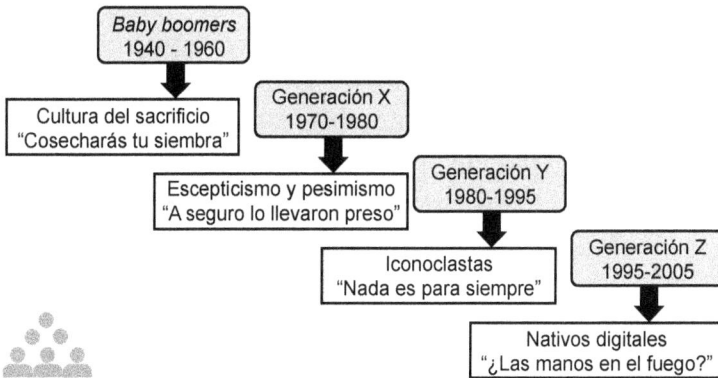

Figura 3. Cohortes que conforman hoy la Población Económicamente Activa (PEA).

- **La Generación Z o *Millennials* (1995-2005).** Benjamines del mercado laboral y, definitivamente, nativos digitales. Son muy jóvenes aún para caracterizarlos acabadamente como trabajadores. Sin embargo, algunas características ya se dibujan en su comportamiento. Quizás la principal diferencia respecto de sus antepasados sea la ausencia de modelos a seguir. En todas y en cada una de las cohortes previas, se contaba siempre con una o varias personalidades públicas que, de algún modo, eran tomadas como referencia por el grupo. Podía tratarse de un presidente, un cantante, un empresario exitoso y hasta figuras de inspiración mística, como gurúes o guías espirituales. En el caso de los *Millennials* (voz inglesa empleada para designar a los nacidos con –o casi con– el milenio), no los seduce seguir a alguien más que a sí mismos y a sus grupos de amigos. Para esta generación, las relaciones interpersonales se desarrollan principalmente en el espacio virtual que les brindan las nuevas tecnologías, a las que dominan y consumen con avidez. Los rasgos distintivos de la Generación Z, los jóvenes más jóvenes del mercado laboral, desvelan a quienes desempeñan hoy la responsabilidad de liderar las organizaciones. ¿Cómo atraer, retener y motivar desde el mundo real a quienes apenas confían en sí mismos y sus más cercanos amigos? Y lo que no es menor, ¿qué sucederá cuando estos jóvenes se hagan mayores y ocupen las posiciones de liderazgo? ¿Cómo lo harán?

Como puede apreciarse, cada grupo humano tiene aspiraciones y demandas particulares que requieren fórmulas de recompensa específicas, porque pagar lo mismo a todos no es sinónimo de justicia sino, con frecuencia, de todo lo contrario. De hecho, cada lector de este libro tendrá la tarea de ir construyendo, diseñando, la remuneración que, para su cultura y –¡muy importante!– su idiosincrasia, sea la más adecuada.

Impacto de los factores macro en lo micro

Si las cosas van bien en general, ¿nos va bien a todos? La respuesta es sí. Y también no, porque el impacto sobre el mercado del empleo de una etapa de florecimiento o bonanza económica nunca es uniforme; depende de la actividad, del lugar, de la posición a cubrir y de otras variables.

Empecemos por la actividad. Cuando una economía crece, tendemos a suponer que todas sus áreas lo hacen en proporción similar. Sin embargo, el aumento del Producto Bruto Interno (PBI) de un país no equivale siempre a un incremento que se replique en todas y cada una de las actividades económicas que contribuyen a él. Por ejemplo, los PBI de la Argentina, Chile, Colombia, México y Venezuela crecieron durante 2012 entre un 3,0 y un 5,5%. Algunos negocios –minería, industria automotriz, autopartista y metalmecánica, entre otros sectores– crecieron más que el promedio. Como consecuencia pudo haber ocurrido que el salario de los ingenieros en minas haya experimentado un alza sustancial, mientras que sus "primos", los ingenieros en electrónica, hayan visto deteriorado su ingreso como resultado de una caída en la demanda de sus servicios debido a la reducción de las inversiones locales en desarrollos tecnológicos.

¿Y en cuanto a las calificaciones necesarias? También en el contexto de una misma actividad o industria puede observarse dispersión en el nivel de satisfacción de la demanda. Así, mientras algunas posiciones pueden registrar plena ocupación, otras encontrarse apenas cubiertas (cuando no, desiertas). En la mayoría de los casos, una situación y otra se corresponden con las calificaciones más genéricas o más sofisticadas y complejas que los puestos o roles requieren para ser ocupados.

Otro factor de gran impacto en el mercado de empleo es la localización, el lugar geográfico donde se desarrolla el trabajo. En las ciudades más pequeñas, la oferta se resiente simplemente por motivos demográficos: hay poca gente y, por lo tanto, es posible que menos variedad de calificaciones y especialidades técnicas y profesionales. En las ciudades grandes pero que no garantizan ciertos estándares de calidad de vida (por ejemplo, acceso a buenas escuelas y universidades, seguridad, servicios de salud, comercios, actividades culturales), la cobertura de los puestos de trabajo más calificados se complica también.

Cuando la mano de obra no se encuentra en la zona y debe captarse y trasladarse desde otros centros, su valor se encarece porque la compensación debe ser sustanciosa para resultar atractiva y eficaz a la hora de incentivar la mudanza de un trabajador calificado y, quizás, de su familia. Todo esto explica por qué la decisión empresaria con respecto a dónde instalarse implica siempre una evaluación que incluya la disponibilidad de recursos humanos en la zona o el costo estimado de atraerlos.

Todo esto explica por qué para entender e interpretar los índices de empleo no solamente deben tomarse en cuenta las cifras globales sino, además, el desagregado o detalle por actividad, especialidad y hasta región.

Inflación y costo de vida

Todas las economías del mundo tienen inflación. Por baja que sea, constituye la principal amenaza al poder adquisitivo de los salarios. Por eso, cuando hablamos de retribución y remuneraciones, no hay que tener en cuenta solo su valor nominal sino también qué podríamos hacer con ese dinero que percibimos. Así, en relación con nuestro ingreso, dos cuestiones son clave: la inflación y el costo de vida del lugar donde gastaremos el salario.

¿Qué es la inflación? Una forma de definirla es como el porcentaje en que los precios de los bienes y servicios aumentan al término de un cierto período en un lugar determinado. De modo análogo, la deflación indica el porcentaje en que disminuyen los precios durante un tiempo y en un sitio definidos.

En cuanto al costo de vida, su importancia es capital ya que, por lo general, los niveles de salarios se establecen de acuerdo con el lugar físico donde la empresa funciona y el trabajador cumple con sus tareas, sitio que suele coincidir con su residencia permanente. Por este motivo, debe evitarse el error de comparar salarios pagados en diferentes localidades tomando en cuenta solamente sus valores absolutos. Por ejemplo, los costos de vida del Distrito Federal de México son diferentes de los de la vecina ciudad de Querétaro, ubicada a 220 kilómetros. Algo similar ocurre con Madrid respecto de Barcelona (618 kilómetros al noreste de la capital española) y Málaga (538 kilómetros al sur). Y entre Santiago de Chile y Concepción, distantes apenas 515 kilómetros. Cuando la comparación es entre países, la inconmensurabilidad tiende a volverse más marcada aún. Por lo tanto, cuando comenzamos a pensar en un cambio laboral, a otra empresa o a otro puesto dentro de la misma organización, es preciso conocer el lugar físico de residencia que exigirá el nuevo empleo. Este dato nos permitirá estimar mejor el valor del salario que nos ofrezcan y cómo influiría en nuestra capacidad de ahorro.

Durante los años 90, tuve la oportunidad de recibir en Buenos Aires a ejecutivos enviados por sus casas matrices para trabajar en la Argentina. Algunos venían desde los Estados Unidos y otros desde Europa. En charlas profesionales, les comenté cuál era la situación del mercado laboral local, poniendo el énfasis en las compensaciones pagadas, expresadas en dólares estadounidenses. Me referí, en particular, a la remuneración de los gerentes y del *staff* profesional. Mi auditorio se mostró profundamente sorprendido porque, como es lógico, comparaba esas cifras con las que se pagaban por posiciones análogas en su país de origen. De aquellos encuentros surgieron datos como, por ejemplo, que el director de Recursos Humanos de American Express en la Argentina percibía un salario básico en dólares mayor que sus jefes directos en Miami. ¿Qué estaba sucediendo?

Durante aquellos años, en la Argentina, regía la Ley de Convertibilidad (Ley N° 23.928), que disponía una paridad cambiaria entre el peso argentino y el dólar estadounidense de uno a uno. Cada "peso convertible" (así se denominaba entonces la moneda argentina) equivalía a un dólar estadounidense. La convertibilidad, combinada con el alto costo de vida de entonces, daba como resultado salarios que, cotizados en dólares, superaban con frecuencia los que se pagaban en las economías centrales. Mi trabajo consistió, precisamente, en mostrar a los ejecutivos recién llegados "la película completa", es decir, la relación entre el monto de las remuneraciones y la capacidad de compra y ahorro en que se traducía en la Argentina.

¿Qué sucede en las empresas y con su política de remuneraciones cuando hay inflación? ¿Qué deben tener en cuenta empleadores y empleados en esas circunstancias? ¿Cómo formarnos una idea –lo menos distorsionada posible– del verdadero valor de la compensación? Cuando la inflación supera el 8% anual, la pérdida del poder adquisitivo de los trabajadores resulta considerable porque la capacidad de compra se resiente de modo manifiesto. Esta situación debe siempre atenderse. Cuando los porcentajes son del 4% o menos, en cambio, el impacto no es tan significativo. Sin embargo, quienes están acostumbrados a vivir en economías con muy baja inflación perciben esa pérdida.

En contextos de alta inflación, el tema debe abordarse siempre a través de una renegociación salarial antes de avanzar con el tratamiento de otros elementos de compensación (beneficios, servicios adicionales, etcétera). A propósito, conviene advertir que cuando la inflación supera el 10%, puede resultar contraproducente con respecto a la atracción, retención y motivación de su gente, que las empresas pongan en marcha nuevos beneficios u otras formas de reconocimiento sin antes resolver el impacto inflacionario. ¿Por qué? La razón es sencilla: si el salario que percibo se vuelve cada vez más reducido para afrontar mis gastos corrientes (alimentos, educación de mis hijos, etcétera), eso no se compensa con más días de vacaciones o un abono para tomar clases de natación.

La fuerza del sindicato

Surgidos en el siglo XIX como una herramienta creada para asegurar la dignidad del trabajador en tanto que tal, los sindicatos han devenido en un actor clave y, por eso, insoslayable del mercado laboral.

Desde sus formas originales al presente, los cambios de escenarios, formas de producción y modelos de contratación han afectado la organización sindical transformándola. También los tipos de deliberación y participación se modificaron, en muchos casos, al ritmo de las nuevas tecnologías de la comunicación y, en especial, de las redes sociales, que hacen más fáciles y veloces los intercambios. Mientras que los reclamos sindicales en las fábricas durante buena parte del siglo XX se realizaban a viva voz, con la consecuente exposición personal de los participantes y líderes, hoy las "asambleas virtuales" ofrecen la oportunidad no solo de decir sin autocensura qué se piensa sino también de conservar el anonimato de quien se expresa.

Más allá de estos y otros cambios, es preciso reconocer que el sindicato continúa teniendo un peso específico como representante de un colectivo: los trabajadores de cierta actividad, rama o empresa según las formas organizativas legales vigentes en cada país. Ese peso se traduce en un poder negociador que, con frecuencia, es notablemente superior al de los empleados no comprendidos en un convenio, es decir, que realizan tareas no encuadradas según la ley en actividades cuyas remuneraciones y condiciones laborales se rijan por un convenio colectivo de trabajo u otra herramienta análoga.

¿Qué diferencias se aprecian hoy en el mercado entre el personal sindicalizado y el no sindicalizado? La más destacada es que los ajustes o aumentos de salarios han sido mayores entre los primeros. En muchas empresas, como resultado de negociaciones colectivas entre sindicatos y representantes patronales, personas que ocupan posiciones de menor jerarquía perciben remuneraciones y/o beneficios similares, iguales o incluso superiores a los de sus jefes, quienes no están encuadrados en esa negociación o convenio. Es decir, cada vez se produce con mayor frecuencia la paradoja de que alguien con más calificaciones y responsabilidades cobre menos que aquellos a los que debe liderar.

Tiempo atrás, las distancias salariales entre los empleados y sus jefes directos podían llegar al 40%, un valor considerado razonable para que un empleado aceptara ser ascendido a una posición de liderazgo y mayor responsabilidad. Esto cambió y, en muchas empresas, las diferencias son sensiblemente menores, situación que se torna más incómoda todavía cuando el subordinado, al trabajar horas extraordinarias, puede redondear un salario mayor que el de su supervisor.

Como profesional de Recursos Humanos, estoy absolutamente convencido de que es muy bueno y un síntoma de progreso, para los individuos y para la sociedad, que los trabajadores perciban ingresos cada vez mayores y mejores. Insisto: esto es bueno en general, tanto para los individuos y su bienestar como para la economía y los países. Nada más positivo que lograr una estructura de costos que permita a la organización importantes aumentos de salarios sin perder, claro está, su productividad ni competitividad. Lo que intento señalar al comparar la situación salarial del personal encuadrado en un convenio y el personal fuera de convenio es que, en numerosas ocasiones, se ha producido un achatamiento de la escala salarial del conjunto de los empleados de una organización –incluso, solapamientos en los niveles de remuneración– que provoca dos fenómenos graves en la gente: por una parte, el desinterés en crecer y desarrollarse, y por otra, un desdibujado reconocimiento del mérito.

Cuando la distancia salarial entre el personal de base (es decir, aquel que no tiene personal a cargo) y sus supervisores directos es pequeña, se desalienta el interés en ascender a posiciones de mayor jerarquía. Aunque suene raro, esto ocurre. Al respecto, permítame compartir con usted una historia personal de las tantas que ilustran lo que estoy explicando.

Mi amigo Roberto es mecánico. Repara camiones en una empresa recolectora de residuos. Trabaja desde hace varios años y se ha ganado la confianza de los gerentes de la empresa y de sus compañeros. Por su idoneidad y por tener condiciones de líder, la empresa le ofreció la posibilidad de convertirse en supervisor, un cargo que está fuera del alcance del convenio colectivo de trabajo. Las mejoras en su compensación que le propuso la compañía eran mínimas; además, le impedían trabajar –¡y cobrar!– horas extraordinarias. Es decir, si aceptaba el ascenso, su sueldo total disminuiría. Con bastante lógica, Roberto agradeció la oportunidad, el reconocimiento, la propuesta… pero prefirió quedarse donde estaba, haciendo lo mismo que venía haciendo muy bien. La empresa no tuvo otra alternativa que contratar a un supervisor de fuera.

La historia de Roberto ejemplifica cómo puede desalentarse el crecimiento. Como ya señalé, la otra consecuencia negativa del acortamiento de las distancias salariales afecta a la meritocracia. ¿A qué se refiere este término? A un ordenamiento jerárquico basado en los méritos de quienes ocupan las diversas posiciones, con "predominancia de valores asociados a la capacidad individual o al espíritu competitivo tales como, por ejemplo, la excelencia en educación o deportes".[7] La mayoría de las compañías tradicionales se organizan sobre la base de la meritocracia. Esto supone que quien haga los méritos suficientes para crecer obtendrá su recompensa por los esfuerzos realizados o los resultados obtenidos. En un sentido más abstracto, la meritocracia lleva implícita la posibilidad de ofrecer a todos iguales oportunidades. A los fines de la compensación, la meritocracia señala que si las personas se esfuerzan y obtienen los resultados exigidos por la compañía, recibirán de esta un premio por ese mérito. Debe admitirse que, aun cuando una organización haya apostado con toda honestidad a la meritocracia, puede ocurrir que no disponga objetivamente de los medios para reconocerla en todos los casos, *v. gr.* porque no pueda promover a todos o no pueda pagar un plus a todos.

Muchos años de experiencia profesional han acotado mi inocencia con respecto a las reglas de juego en el área de las compensaciones. Sin embargo, puedo dar testimonio de muchas compañías que desarrollan programas de pago sólidos y serios para el personal fuera de convenio basados en los desempeños y en los logros de las personas. ¿El objetivo? Dar previsibilidad tanto al que cobra como al que paga. En mi opinión, es importante el efecto motivador de estas iniciativas. Imaginemos, por ejemplo, qué podría pen-

---

7. Colaboradores de Wikipedia. Meritocracia [en línea]. Wikipedia, La enciclopedia libre, 2013 [fecha de consulta: 26 de noviembre del 2013]. Disponible en http://es.wikipedia.org/w/index.php?title=M eritocracia&oldid=70827640>

sar un gerente contable –posición normalmente fuera de convenio– en el marco de un programa de pago por resultados: "Si cumplo con los objetivos que me fijaron desde comienzo de año, de acuerdo con el programa de compensaciones de la empresa, recibiré un 6% de incremento por mi mérito. Este porcentaje, sumado a los ajustes generales de salarios previstos para todo el personal, me permitirá no solo recuperar el poder adquisitivo reducido por la inflación sino, además, mejorar mis ingresos reales".

Ahora bien, cuando la política salarial está fuertemente marcada por el sindicato y la empresa se limita a transferir el producto de la negociación colectiva al resto del personal fuera de convenio, ese mismo gerente puede pensar diferente: "Aunque no cumpla estrictamente con los objetivos o los resultados que me fijaron a comienzos de año, igual recibiré un aumento de salario equivalente al acordado por la empresa con el sindicato para el personal de convenio. Así que no tengo que preocuparme si las cosas no me salen del todo bien".

Dejo al lector la tarea de extraer sus conclusiones sobre las ventajas y desventajas, virtudes y defectos de unas y otras políticas de compensación para el personal fuera de convenio.

Por qué es importante la remuneración

Después de leer lo expuesto hasta aquí, quizás este subtítulo parezca innecesario. Pero intentaré mostrar que no es superfluo volver sobre este tema.

Desde el punto de vista de las empresas, las remuneraciones son importantes porque impactan en forma directa en el resultado de su balance, ese documento que tanto influye a la hora de obtener una calificación crediticia o de cotizar en la Bolsa de Valores. Como bien saben los que tienen algunos conocimientos contables, los salarios se impu-

49

tan en el cuadro de resultados, más específicamente, como un resultado negativo; es decir, como una pérdida. Notable, ¿no? A esto se agrega que, a pesar de que se ha trabajado mucho, no se ha logrado aún que el capital humano (es decir, el talento atraído, retenido y desarrollado para y en la organización) se refleje en los balances como parte del patrimonio; por ahora, no existe forma alguna aceptada por todos de registrarlo contablemente.

Los gerentes deciden sobre compras de inmuebles, oficinas, autos o cualquier otro bien de capital. Curiosamente, muchos tienen la posibilidad de gastar cifras importantes en bienes pero que –vía la amortización– no impactan en el cuadro de resultados de manera directa. En cambio, esas mismas posiciones no pueden decidir sobre los aumentos de sueldos del personal de la empresa. ¿Por qué? Porque impactan como resultado negativo.

En la década de 1990, asesoraba a la Compañía Gillette, que más tarde fue comprada por Procter & Gamble. En cuestiones salariales, la empresa seguía muy de cerca los movimientos de las firmas líderes competidoras mediante una encuesta de compensación total[8] que se presentaba a ciertos ejecutivos de la casa matriz que viajaban especialmente a Buenos Aires desde Boston para analizar los resultados. Era notable ver cómo analizaban y desmenuzaban la información para determinar si el ajuste sería del 3 o del 3,6%... ¡para todo el año! ¿Por qué tanta minuciosidad? Porque el impacto de esa diferencia de décimos, aplicada a toda la masa salarial durante el año siguiente, sería muy significativo.

Sin dudas, el mejor de los mundos posibles a la hora de pensar las remuneraciones sería aquel en que el impacto

8. Si bien he dedicado a este concepto el Capítulo 10 completo, digamos por ahora que la compensación total es el conjunto de conceptos fijos y variables, dinerarios o no, que un empleado recibe como pago por su trabajo.

de estas en la formación del precio de los productos o servicios de la empresa fuera mínimo o poco significativo. Sin embargo, esto difícilmente ocurra, excepto que se trate de productos de gran valor agregado o la compañía mantenga una posición tan fuerte ante la competencia que pueda maniobrar sin mayores inconvenientes sus precios de venta. Pero, en la realidad, estos escenarios son tan infrecuentes como poco duraderos.

Las remuneraciones constituyen un asunto sensible, no solo por su vínculo con los resultados económicos sino como herramienta de gestión de la estrategia. La política de salarios de una organización direcciona las acciones de sus integrantes, pauta su comportamiento, establece qué se espera de ellos en función de la estrategia de negocio. Veamos algunos ejemplos.

Si una organización quisiera orientarse hacia la calidad, además de capacitar y concienciar a su gente mediante cursos y seminarios, debería premiar de manera concreta las conductas, los desempeños y los resultados buscados para construir y asegurar calidad. Si se tratara de un negocio que requiriera mano de obra intensiva, los salarios representarían un componente clave de la estructura de costos y, por lo tanto, el tema sería muy tenido en cuenta por los directivos ya que cada aumento en las compensaciones que no pudiera trasladarse al precio de venta de los productos afectaría la productividad. Si a esto se sumara un entorno competitivo volátil, el negocio probablemente se tornaría inviable. Por eso, en una situación de este tipo, probablemente la mejor oportunidad para la organización sea fijar un esquema de compensaciones compuesto por salarios básicos más bien bajos pero con fuertes incentivos por logros.

Como puede apreciarse, las remuneraciones son mucho más que números resultantes de una negociación individual o colectiva entre partes que mantienen cierta relación de fuerzas. Las retribuciones representan un eje principal de las políticas que respaldan y articulan el negocio. La política de compensaciones establece los principios o vectores que las organizaciones han definido y detrás de los cuales se enrolan las decisiones que se toman en la materia.

El trabajo decente

No solo expresa un deseo, un sueño, una aspiración personal sino que ha sido definido por la Organización Internacional del Trabajo (OIT): "El trabajo decente resume las aspiraciones de la gente durante su vida laboral. Significa contar con oportunidades de un trabajo que sea productivo y que produzca un ingreso digno, seguridad en el lugar de trabajo y protección social para las familias, mejores perspectivas de desarrollo personal e integración a la sociedad, libertad para que la gente exprese sus opiniones, organización y participación en las decisiones que afectan sus vidas, e igualdad de oportunidad y trato para todas las mujeres y hombres" (disponible en línea, http://www.ilo.org/global/topics/decent-work/lang–es/index.htm).

Para la CEPAL, *gracias a este concepto, "el trabajo decente se constituyó en un nuevo paradigma o marco conceptual de la* OIT *para analizar la evolución y las relaciones en el mercado de trabajo. Este marco conceptual ofrece una visión integral, que toma en cuenta no solo los temas vinculados al acceso al empleo (participación, empleo, subempleo y desempleo, entre otros) sino también aspectos cualitativos de las personas en su trabajo, tales como la capacitación en el trabajo, la salud y otras condiciones laborales, la seguridad laboral, las horas excesivas y la conciliación del trabajo con la vida personal y familiar, la ética en el trabajo (trabajo forzoso y trabajo infantil), la igualdad de género y la no discriminación, y el diálogo social y la participación de los trabajadores".*

(CEPAL-OIT, "Coyuntura laboral en América Latina y el Caribe. Avances y desafíos en la medición del trabajo decente". N°8, mayo 2013, pág. 13. http://www.ilo.org/wcmsp5/groups/public/—americas/—ro-lima/documents/publication/wcms_213795.pdf. Consultado el 29 de abril de 2014.)

Cabe preguntarse si todas las empresas tienen políticas de compensaciones. La respuesta es sí, todas las tienen. Sin embargo, en la gran mayoría de los casos, no están escritas o no se las reconoce de manera formal. Pero existen siempre.

Hace años, el titular de una empresa familiar me dijo sin empacho: "Nuestra política es pagar los salarios más bajos posibles. Claro que no podemos escribir esto ni decirlo abiertamente, pero en realidad es así". Este "sincericidio" –peligrosa mezcla de sinceridad y suicidio– no implicaba un desconocimiento del papel clave que desempeña el capital humano para cualquier empresa sino la admisión de que los costos de su gente ponían seriamente en jaque la estabilidad del negocio y, con ella, la fuente de trabajo de su personal. Aquel señor vigilaba los gastos (incluidos los salarios) más movido por una búsqueda de sostenibilidad del emprendimiento que por avaricia desmedida.

No obstante, para las personas que trabajan en relación de dependencia, el salario básico define en buena medida el estándar de vida que pueden tener. Para un trabajador, el sueldo básico (es decir, el monto percibido sin considerar premios, adicionales, *bonus*, beneficios y demás) constituye el componente de la retribución más importante. Es el de mayor visibilidad. Es al que mayor trascendencia atribuye. Y tiene razón, porque esa es la única cifra cierta a la hora de organizar su presupuesto mensual o anual, de decidir si comprará un auto o inscribirá a sus hijos en cierta escuela, de elegir dónde y cómo vivir.

Por todo esto, la compensación en su sentido más amplio es una preocupación central para las organizaciones que las pagan y para las personas que las reciben.

Aproximación a un autodiagnóstico de situación

		⬆	=	⬇
Acerca de un contexto laboral	La mayoría de mis amigos y yo tenemos empleo.			
	En general, nuestros empleos son estables y están aceptablemente pagos.			
	Percibo entre las empresas una marcada política de inversión.			
	Se otorgan créditos para la inversión y el consumo a un costo razonable.			
Acerca de un actual empleo	Conozco su situación actual (nivel de ventas, endeudamiento, etc.)			
	Conozco su fuerza competitiva.			
	La continuidad de mi puesto actual está asegurada.			
	El sindicato desempeña un papel positivo para mi situación en la empresa			
Acerca de un perfil laboral	Poseo calificaciones especialmente demandadas por el mercado.			
	Mis expectativas laborales se corresponden con las de mi generación.			
	Incorporo los cambios tecnológicos sin demasiada dificultad.			
	Tengo facilidad para identificar qué quiero y hacer lo necesario para lograrlo.			

CAPÍTULO 2

ALGUNOS CRITERIOS DE COMPENSACIÓN

¿Qué pagan las empresas? ¿Todas pagan lo mismo?
¿Cómo lo pagan? Por supuesto, no me refiero a montos, ya que
aun cuando se definieran por relación a un rango, las cifras
representarían apenas circunstancias de una actividad determinada
en un momento y lugar dados. Lo que veremos en las próximas
páginas son criterios de compensación, algo mucho más amplio y
menos condicionado a un mercado de trabajo en particular.

Todas las organizaciones, sin importar su tamaño o actividad, recompensan a su gente solo por tres conceptos: sus
conocimientos y/o habilidades su esfuerzo y desempeño,
y los resultados. Detengámonos brevemente en cada uno.

- **Conocimientos y/o habilidades.** Este concepto se relaciona con las competencias del individuo, sus estudios,
sus contactos y destrezas interpersonales. Pueden ser
conocimientos y/o habilidades actuales (es decir, ya
presentes y desarrollados) o potenciales (o sea, que podrían desplegarse en un momento futuro más o menos
cierto). Un ejemplo de conocimientos y/o habilidades
actuales es el dominio de un idioma, mientras que una
carrera universitaria en curso ilustra los potenciales.
Algunas compañías otorgan mucha importancia al potencial de su gente y, por eso, ofrecen desafíos y recom-
pensas orientados a estimular su desarrollo. Tome en
cuenta, estimado lector, que muchas firmas estadounidenses –al menos, aquellas de carácter global– prestan
especial atención al potencial de las personas.

- **Esfuerzo y desempeño.** Refieren a la voluntad y el deseo de hacer las cosas o de cumplir con las tareas asignadas. Estos conceptos se monitorean y evalúan, por lo general, en los empleados de todos los niveles de la organización (tengan o no personal a cargo). Un detalle importante: el esfuerzo y el desempeño se miden considerando el pasado, el presente y el futuro. ¿Cómo? Las compañías reconocen los esfuerzos anteriores a través de herramientas de gestión de desempeño que miden acciones pasadas y actuales. Pero tienen también en cuenta las promesas de trabajos de realización futura aunque en un plazo determinado, por ejemplo, el liderazgo exitoso de un proyecto o el dominio técnico de un idioma. A pesar de no establecerse una retribución directa asociada con esas promesas, la mayoría de las personas tomamos en cuenta que se han declarado como propósitos.

Figura 4. Conceptos remunerados.

- **Resultados.** Este es el concepto a retribuir que muchas compañías consideran más importante. Aquí también valen las tres dimensiones temporales mencionadas: los resultados obtenidos (pasado), los actuales (presentes) y los esperados (futuro).

Si bien los seres humanos somos "resultadistas", pragmáticos, el centrarse en el producto final no siempre es beneficioso para construir alianzas a largo plazo entre las personas. Cuando las empresas se centran de manera principal y sostenida en el logro de resultados sin tener en cuenta la calidad del esfuerzo realizado por su gente, las relaciones internas de autoridad comienzan a peligrar y tal vez a quebrarse, situación que afecta indefectiblemente el clima que se vive en la organización. Sin embargo, pagar solo por el esfuerzo y el desempeño sin considerar los resultados obtenidos es un error que muy rápido se torna insostenible. En suma, como en tantas otras situaciones de la vida, ningún extremo es saludable.

No todos los roles se retribuyen otorgando un peso relativo idéntico a cada uno de estos tres conceptos. Por ejemplo, para ingresar a un centro médico, los profesionales deben acreditar –como mínimo– estudios y títulos habilitantes. Si la posición es de base, la experiencia será valorada menos. Los resultados previstos deberán ser técnicamente buenos, aunque es probable que no se espere gran agilidad en la prestación de los servicios ni total autonomía durante su desempeño. En este caso, es probable que la composición de la remuneración sea como indica la Figura 5.

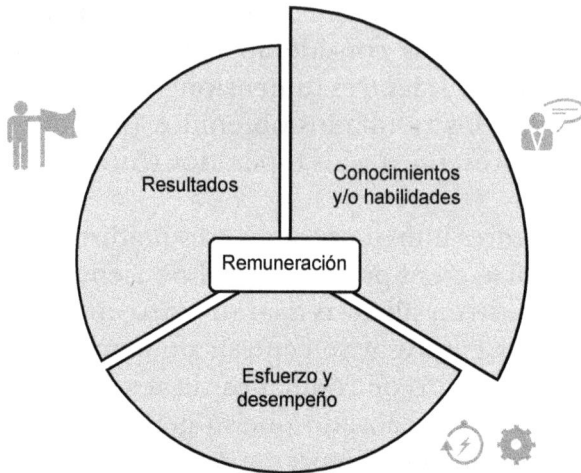

Figura 5. Conceptos remunerados.

Imaginemos ahora un puesto de operario de la construcción con experiencia. Esta persona trabaja en equipo o a las órdenes de un capataz o supervisor. Se le proporcionan las herramientas y los materiales, y se controlan sus resultados. En este caso, el peso relativo de los conceptos será algo así:

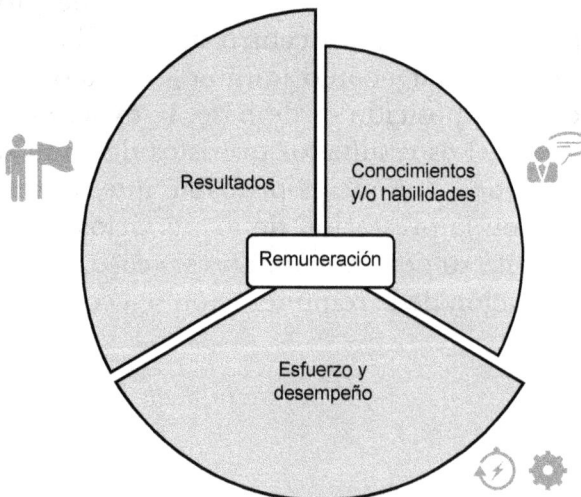

Figura 6. Conceptos remunerados.

¿Qué buscan las personas a cambio de ofrecer sus conocimientos, sus esfuerzos y su capacidad de generar resultados? De eso, estimado lector, nos ocuparemos en la Segunda parte de este libro, cuando hablemos de la estructura de pago de las empresas y de la compensación total.

Salarios y beneficios complementarios

Cuando joven, trabajé como analista de compensaciones en una empresa petrolera. Como los niveles salariales eran buenos con respecto al mercado, no teníamos el problema de la fuga de talentos. Nos ocupábamos siempre de ofrecerles beneficios adicionales a los exigidos por las leyes laborales vigentes como una manera de retenerlos y hacerlos sentir parte de una compañía con "algo más" que el resto; después de todo, como ya dijimos, cuando se trata de competir con otras organizaciones por el talento ganará quien ofrezca el diferencial percibido como más valioso.

Esta era la situación cuando llegó el Día de la Secretaria, una celebración que se realiza en muchos países. A modo de festejo, se nos ocurrió organizar un almuerzo con las secretarias de todos los gerentes y directores. Las invitamos a un restaurante muy elegante para luego obsequiarles un importante ramo de flores y darles la tarde libre. Antes del evento, cuando ya lo habíamos comunicado, dos secretarias nos preguntaron de manera amable si el evento y los regalos eran canjeables por dinero ya que –suponían– eran costosos y resultaba más atractivo para sus economías personales contar con una retribución adicional en metálico que cada una pudiera aplicar libremente a otros fines. Todos sabemos que detrás de estos pedidos subyacen a veces otra clase de motivaciones que no son las explicitadas. ¿A qué me refiero? Por ejemplo, a que la poca simpatía entre ciertas personas suele desalentar el deseo de compartir espacios sociales como un almuerzo. Sin embargo, en el caso que evoco, el modo en que la pregunta se había formulado dejaba percibir claramente que no había entrelíneas: las secretarias hablaban de dinero, nada más.

Como profesional *Junior* de Recursos Humanos, recibí de mujeres una lección inolvidable para mi formación: los beneficios y los servicios ofrecidos por las empresas deben entenderse como un complemento del salario fijo, nunca como su sustituto. ¿Por qué? Porque los beneficios son prestaciones o servicios en especie brindados por las organizaciones, destinados principalmente a complementar el ingreso habitual de los empleados. Tarde o temprano, cuando un beneficio pretende atenuar o velar la realidad de un sueldo bajo, suceden estas cosas: la gente no solo no reconoce el valor del beneficio como tal sino que, además, entiende que esa iniciativa oculta algo. ¿El resultado? Se socavan la motivación y la retención, el personal se siente de algún modo engañado y la empresa ha perdido los recursos invertidos (porque los beneficios siempre cuestan dinero a las organizaciones) ya que solo se obtuvo un retorno negativo.

Ahora bien, ¿qué complementa un beneficio? Una remuneración justa. ¿Pero qué es un sueldo justo, un salario razonable? ¿Aquel cuyo valor resulta competitivo para el mercado; es decir, que sirve para atraer y retener al talento? Busquemos algunas respuestas. O, al menos, aclaremos el planteo del problema.

Figura 7. Carga subjetiva de la compensación.

La "justicia" de una remuneración tiene como mínimo dos caras. Por un lado, la de un determinado equilibrio entre oferta y demanda, al que llamamos "salario de mercado". La otra cara es la percepción subjetiva de quien trabaja con respecto al grado en que su salario refleja o no el valor que él o ella consideran que agregan mediante su trabajo. Esta última manifiesta lo que siente el remunerado: "me pagan bien", "me pagan mal".

El salario de mercado es una referencia sobre la que poco pueden impactar las conductas individuales de empleadores y empleados. Así como una golondrina no hace verano, que un empleador decida por su cuenta, al margen de la conducta de sus competidores directos, pagar sensiblemente más o mucho menos no modificará el precio de mercado sino, en todo caso, su competitividad relativa. En cuanto al aspecto subjetivo, la satisfacción de las personas con su salario se relaciona con sus expectativas y el grado en que estas se realizan. Esta afirmación es válida no solo para las relaciones laborales o profesionales sino que puede extenderse a todos los vínculos interpersonales. Sin embargo, adquiere una especial relevancia en el mundo del trabajo debido al intercambio económico que allí se produce. Justamente, por tratarse de una carga subjetiva importante, es necesario reconocerla antes de intentar dar una respuesta a la pregunta por la remuneración "justa" que pueda satisfacer a los individuos y al mercado.

Políticas de pagos y talento

Una vez establecidas algunas ideas introductorias sobre qué pagan las organizaciones y cómo se compone la compensación total, podemos comenzar a sumergirnos en la lógica del pagador. Porque la política de pagos a los colaboradores descansa siempre sobre una suerte de "filosofía de pago"; esto es, un conjunto de ideas sobre lo que es aceptable, justo y conveniente para una determinada organización.

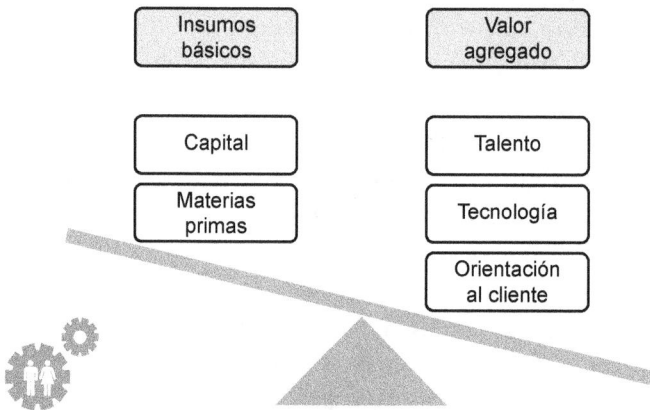

Figura 8. Impacto del talento en la producción.

En algunos casos, la política está explicitada, "escrita". Esta situación reviste dos ventajas principales. Una se aprecia desde el punto de vista de los empleados: conocer de antemano las reglas de juego les permite ajustar sus conductas a ellas y trabajar sin falsas expectativas. A esto llamamos previsibilidad, un bien muy valioso para cualquiera. La otra ventaja importante se observa desde el punto de vista de la empresa: una política explícita facilita la detección de incoherencias y, por lo tanto, prevenir situaciones injustas y conflictos. Claro está, no todas las organizaciones establecen sus políticas de compensaciones en enunciados, pero esto no significa que no las tengan. Algunos criterios de pago se definen en negociaciones individuales, propiciadas por los empleados o por los candidatos a serlo en el momento de su ingreso, que luego sientan precedentes.

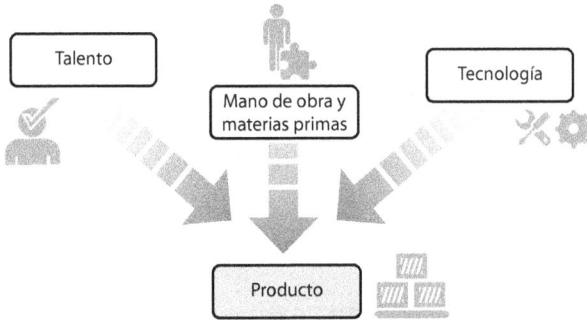

Figura 9. Insumos y producto.

La alta tecnología brinda un ejemplo interesante para pensar el tema de las políticas de pago y cómo surgen de un diálogo –buscado o impuesto, no importa– con el mercado de trabajo. Desde hace algunos años, la mayoría de las empresas, con independencia del área a que se dediquen, está invirtiendo en mejorar sus sistemas a fin de incrementar la productividad y responder de modo más competitivo a los clientes. Esta demanda creciente de mejoramiento de los sistemas se desenvuelve a un ritmo que supera la capacidad del sistema educativo para formar a los recursos humanos especializados en el desarrollo de los productos informáticos. Por todo eso, la demanda de profesionales del área ha superado el número de graduados. La demanda insatisfecha de esas personas, necesarias para agregar un valor clave al negocio o sus productos, las convierte en talentos y, en consecuencia, su "precio" (salario) se eleva.

Conviene recordar que cuando hablamos de "talento", nos referimos a un tipo de recurso humano que, debido a sus conocimientos (aptitudes) y por su voluntad de aplicarlos (actitudes), constituye un elemento valioso para las empresas en un momento y en un lugar determinados. ¿Cómo impacta la demanda de talentos en la política de pagos de las firmas? Con frecuencia, de un modo más bien traumático, porque provoca una ruptura del tradicional paradigma organizacional de equidad interna. Las organizaciones no compiten solo por los clientes sino también por los talentos, situación que las obliga a adaptar sus estructuras de compensaciones para atraer a sus filas, retener y motivar a las personas con competencias diferenciadas, escasas e imprescindibles para el negocio.

Competir por los clientes, competir por el talento

Las políticas de retribución a sus miembros constituyen un tema central para cualquier organización, en especial por dos razones:

- cualquier variación salarial impacta de modo directo en la estructura de costos de la firma; y
- según la compensación que ofrezca, una organización logrará o no atraer, motivar y retener al talento que necesita.

Hace un tiempo, asesoré en un proyecto puntual a una compañía multinacional de software. Sus profesionales desarrollaban aplicaciones para diversas industrias y servicios. Uno de los socios manejaba la operación desde Buenos Aires, mientras que otros dos lo hacían respectivamente desde España y los Estados Unidos. En las tres locaciones tenían dificultades para atraer y retener talento. ¿Por qué no aumentaban los sueldos de los analistas y los programadores? Porque el costo laboral, compuesto por los sueldos, los beneficios y los aportes patronales o impuestos al trabajo –la denominación varía según el país– oscilaba entre el 65 y el 80% de las erogaciones totales de la empresa. Con semejante impacto, es natural que ajustar salarios sea tan difícil, aunque los aumentos solo se apliquen al talento. Situaciones como la de esta compañía se repiten en muchas otras actividades y países. El siguiente gráfico me ayudará a aclarar este punto un poco más.

La Figura 10 representa la doble mirada que la empresa busca mantener siempre en relación con los salarios: la competencia por el talento y la competencia por los clientes.

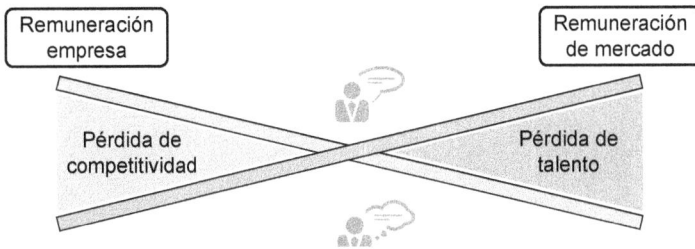

Figura 10. Impacto del talento y competitividad.

Por un lado, la organización debe considerar el mercado, es decir, conocer y reconocer cuánto pagan otros empleadores por posiciones similares a las que busca cubrir. Por otro lado, debe tratar de determinar si su estructura de costos admite razonables incrementos en la compensación a ofrecer al talento por todo concepto. Las empresas con una buena gestión se preocupan por desarrollar de forma cuidadosa esta doble mirada. Saben que si el nivel de salarios ofrecidos está por debajo del pagado por la competencia, comenzarán a perder talentos más o menos rápidamente. Las organizaciones que apuestan no solo a la atracción del talento sino también a retenerlo, recompensan por encima de sus competidores… siempre y cuando, claro está, esto no trastoque su estructura de costos al punto de verse obligadas a vender sus bienes o servicios a un precio no competitivo, como ocurría con la empresa de software que me pidió asesoramiento. En suma: el desafío para todo empleador es alcanzar el equilibrio justo entre la atracción, retención y motivación del talento por medio de una compensación adecuada, y el posicionamiento de sus productos, así como la captación y fidelización de sus clientes por medio de una oferta competitiva de bienes o servicios.

¿Por qué pagan como pagan?

Para quien busca un cambio laboral, resulta clave identificar no solo los niveles de salarios de una organización y de una actividad sino también las razones por las cuales se recompensa de ese modo a los empleados.

Figura 11. Composición de la compensación total.

Si bien dedico el Capítulo 3 al tema, conviene adelantar que cuando se habla de compensación se incluyen en rigor tanto las compensaciones dinerarias y no dinerarias (beneficios) fijas y variables. Por lo general, las compañías definen sus políticas (criterios de compensación) y planes (reglas y fórmulas concretas de compensación) teniendo en cuenta tanto la estrategia empresarial como las características de los destinatarios de esas compensaciones (edad,[1] calificaciones profesionales, rol a desempeñar, etcétera).

---

1. Al respecto, conviene repasar lo explicado en el Capítulo 1 sobre los *baby boomers* y las Generaciones X, Y y Z.

Ilustraré este punto con un ejemplo. McDonald's es una de las más famosas cadenas de comidas rápidas del mundo. Su éxito es fruto en buena medida del trabajo de un gran grupo de personas que contribuye de muchas maneras a la atención y satisfacción de cada cliente. Se trata de un negocio que requiere una mano de obra intensiva pero sin demasiadas calificaciones laborales previas, ya que la firma brinda la capacitación pertinente. Dado que la dotación de la compañía está compuesta principalmente por jóvenes menores de 22 años, los planes de compensación buscan atraerlos en especial por la oferta de una flexibilidad horaria ideal para que el empleo sea compatible con los estudios. En contrapartida, el salario fijo inicial que la empresa paga es bajo.

¿Este diseño de compensaciones es exitoso? Sí, y en todos los países donde opera McDonald's. Ocurre que la empresa nutre su plantilla año tras año con trabajadores de ingreso, es decir, con quienes se incorporan por primera vez al mercado laboral. En su mayoría, los jóvenes contratados por McDonald's acaban de egresar de la escuela media y, en muchos casos, están comenzando sus estudios superiores, lo que les hace atractiva la flexibilidad horaria y las pocas calificaciones laborales requeridas. De esta forma, la firma aprovecha la oportunidad brindada por la natural dinámica de renovación de la población económicamente activa. Para que esto funcione, la organización debe estar preparada para afrontar procesos de reclutamiento masivos permanentes: todo el tiempo está incorporando nuevos empleados. Pero el mayor desafío es, en rigor, lograr que esos jóvenes ocupen muy rápido el rol y desempeñen sus responsabilidades, porque la rotación del personal (esto es, la diferencia entre cantidad de incorporados y de desvinculados) es muy alta, lo que hace necesario asegurarse de que cada ingresante sea capaz de responder en muy poco tiempo a los estándares de calidad, servicio y limpieza que distinguen a la compañía.

Este ejemplo puede resultar extremo. Sin embargo, busca llamar su atención, estimado lector, sobre los beneficios de conocer y reconocer las prácticas de retribución de cada firma antes de ingresar en ella, a fin de prevenir eventuales decepciones.

Algunas creencias que se transforman

Los desafíos actuales que enfrentan las organizaciones están produciendo también un cambio de paradigma en el área de las compensaciones. Las creencias básicas que explicaban los criterios de retribución a los empleados se encuentran en plena transformación y, por eso, quien quiera pensar su carrera dentro de una empresa sobre la base de distintas estrategias de crecimiento y mejoras en la compensación debe conocer y reconocer este fenómeno. A continuación, dos de las modificaciones más significativas e interrelacionadas.

- **De "los jefes ganan más que sus subordinados" a "algunos profesionales están mejor remunerados que los jefes de otras áreas".**
  Esto es una realidad cada día más extendida. Un analista de una determinada disciplina o un profesional especializado pueden percibir una compensación más alta que alguien que, según el organigrama de la compañía, desempeñe un rol de mayor jerarquía. Un geólogo *Senior* con siete o más años de experiencia podría recibir un salario superior que el jefe de Contaduría de la misma empresa, incluso si el primero no tuviera personal a cargo y el otro liderara un pequeño equipo de colaboradores. Este cambio de criterio se torna particularmente manifiesto en las áreas de Sistemas y Tecnología, donde

los profesionales tienen la posibilidad de crecer en su carrera dentro de una misma organización sin necesidad de convertirse en jefes.

* **De "el crecimiento dentro de una organización siempre es vertical" a "el crecimiento puede ser horizontal".**

Tradicionalmente, el incremento de la remuneración se asociaba a un ascenso; es decir, a la promoción de una persona desde una posición hacia una jerarquía superior (de operario a capataz, de empleado a supervisor, de jefe a gerente, etcétera). Sin embargo, crecer hacia arriba es, cada vez más, algo del pasado. Hoy, crecer dentro de una organización significa en la mayoría de los casos afrontar desafíos en distintas áreas. Por ejemplo, un especialista en Administración puede encontrar su crecimiento en un recorrido por Ventas y Marketing antes de transformarse en el responsable de una Unidad de Negocios. Ocupar distintos puestos permite adquirir un conocimiento más amplio de los roles fundado en la experiencia, algo que –llegado el momento– puede facilitar y enriquecer el desempeño de posiciones de mayor responsabilidad.

La educación formal (en institutos, universidades, escuelas de negocios y demás) está adecuando su oferta a este cambio en el concepto de crecimiento. Así lo indica la creación de carreras de especialización y maestrías orientadas principalmente a brindar la formación profesional en gestión imprescindible para asumir posiciones de liderazgo.

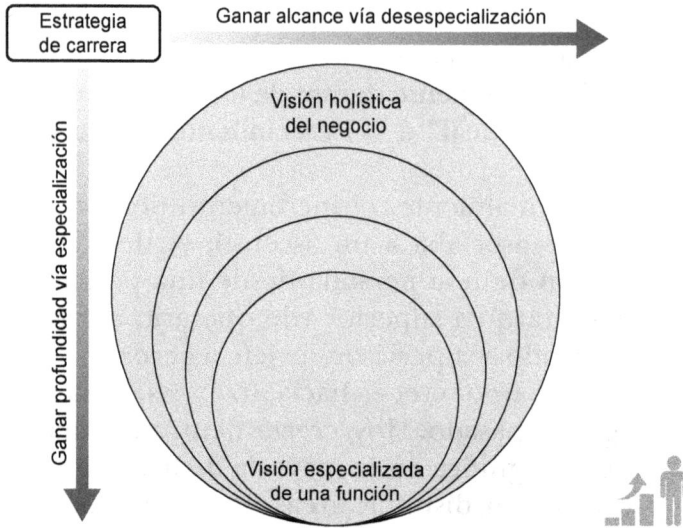

Figura 12. Estrategias de carrera.

Lo explicado hasta aquí, ¿termina con la idea de una carrera que se traduzca en ascenso jerárquico? ¿Invalida la estrategia de aspirar a mejores remuneraciones por la vía de especializarse en una determinada área? De ninguna manera. Muchos profesionales trabajan concienzudamente al combinar la adquisición de una experiencia de campo creciente con posgrados, doctorados y posdoctorados. Es probable que el geólogo *Senior* al que me refería más arriba hiciera este recorrido profesional. Pero muchos otros tal vez apuesten al desarrollo de su carrera con el objetivo estratégico de asumir los principales roles de liderazgo de su compañía con una visión holística, abarcadora de todo el negocio. En el caso de la especialización, la estrategia apunta a lograr profundidad en un saber. En el caso de la rotación por diversas áreas para adquirir experiencia desde distintas perspectivas a fin de incrementar el alcance (en inglés, *scope*) de la visión del negocio, multiplica con frecuencia las oportunidades de crecimiento y desarrollo hacia diversas áreas de una misma compañía.

Comience a identificar sus talentos	
Observe la Figura 6. ¿Cuáles son los conocimientos y/o las habilidades que domina y que considera más importantes?	
Describa el tipo de organización (empresa, institución pública u organización de la sociedad civil) para la cual cree que sus conocimientos o habilidades podrían resultar valiosos. No olvide explicar por qué.	

En nuestro sitio web (www.hidalgoyasociados.com.ar), puede obtener herramientas adicionales para analizar su talento.

CAPÍTULO 3

QUÉ ES LA COMPENSACIÓN TOTAL

¿Asistente en una empresa de servicios fúnebres (no la de Six feet under*) o asistente de una banda de rock en gira internacional? No es necesario tener una larga historia laboral para darnos cuenta de que hay empleos que solo tomaríamos si nos ofrecieran una compensación muy atractiva, mientras que otros trabajos estaríamos dispuestos a hacerlos por monedas (¡pero que nadie se entere!). En el capítulo anterior me referí a qué se paga: conocimientos (qué sé), desempeño (cómo lo hago) y resultados (qué logro). En este, en cambio, trabajaré en cómo y con qué se retribuyen esos conceptos.*

Un puesto de operario en una plataforma petrolera de ultramar puede exigir un nivel de conocimientos especializados equiparable al de un operador de televisión. Sin embargo, imagínese en situación de elegir entre uno y otro, y piense: ¿alternar semanas de trabajo con días de franco en el Atlántico Norte por un salario más bien alto, o ganar menos pero volver todos los días a casa con la familia o cultivar el *after office* con los amigos?

La expresión "compensación total" refiere a todo aquello que un empleador pone a disposición del empleado en concepto de retribución por su trabajo. Esa compensación puede ser solo monetaria o incluir, además, un pago en especie (cuantificable en dinero o no). Sin importar su monto, toda compensación tiene un valor subjetivo, percibido y asignado por su destinatario, que difiere según cada persona. Por ejemplo, una cobertura médica de calidad es buena para cualquiera, pero mucho más para alguien que padezca diabetes; es decir, una enfermedad crónica que requiere atención especializada y permanente. En este capítulo, intentaré agrupar y definir los elementos que hacen a la compensación total a fin de que el lector pueda formarse una idea más completa de lo que se negocia como retribución en un contrato de trabajo.

Dimensiones de la retribución

WorldatWork, una asociación mundial de especialistas en compensaciones[1], ha identificado cinco dimensiones de la retribución: remuneración, beneficios, balance entre vida personal y trabajo, reconocimiento y desempeño, y desarrollo y oportunidades de carrera. Definamos a cada una.

- **La remuneración.** Comprende tanto el salario fijo como el variable (comisiones, premios por puntualidad, etcétera) que se pagan en dinero contante y sonante.
- **Beneficios.** Representan un complemento de la remuneración, nunca la sustituyen. Llamados también *perquisites* (en inglés, "gratificaciones"), se componen de los servicios o prestaciones que el empleador pueda otorgar (por ejemplo, horario flexible, becas para realizar estudios de posgrado, etcétera).
- **Balance entre vida personal y trabajo.** Este es un concepto relativamente nuevo. Si bien está instalado en la mente de las personas desde siempre, comenzó a cobrar protagonismo durante los últimos años. Las organizaciones tradicionales, con frecuencia, han sido acusadas de explotar a sus trabajadores y, quizás por eso, comenzaron a preocuparse por mantener climas laborales favorables para ambas partes.

---

1. www.worldatwork.org.

Pero el interés por mantener este equilibrio en un rango saludable no solo se relaciona con cierto arrepentimiento respecto de la alienación provocada por el industrialismo más descarnado, el que pintó Charles Chaplin en *Tiempos modernos*. Por el contrario, cobra hoy renovada actualidad. Las nuevas tecnologías de la información y la comunicación (TIC o IT, por las siglas en inglés de *information technology*) están contribuyendo cada vez más a liberar el trabajo de un condicionamiento espaciotemporal *a priori*. Lo vemos cotidianamente: para muchos trabajadores, basta una computadora portátil o *laptop* (si no un teléfono inteligente) y una conexión inalámbrica a Internet ("wi-fi") para que la estación de trabajo se materialice, ya sea en la empresa, la sala de su casa o en un café ubicado a miles de kilómetros de distancia de las oficinas de la compañía. Claro que tanta flexibilidad contribuye –en algunos casos, peligrosamente– a desdibujar los límites entre la jornada laboral y el tiempo destinado al descanso, el ocio o la vida familiar y social.

- **Reconocimiento y desempeño.** Conforman una dimensión clave de la retribución. El reconocimiento se expresa en el aprecio demostrado hacia nuestra labor por los pares, los líderes y las personas a cargo. El reconocimiento de ese desempeño constituye también una dimensión de la retribución, ligada al goce que produce realizar una actividad vinculada con nuestra vocación, formación, inclinaciones, etcétera.

Tal vez el lector esté pensando que esto solo se refiere a algo bastante parecido a la vanidad, al deseo de ser halagados, elogiados y hasta admirados. Puede ser, ¿por qué no? Pero, en realidad, el reconocimiento es una retribución a la que cualquier ser humano sano aspira legítimamente y que se expresa de una manera muy concreta, sencilla y valiosa. El reconocimiento es el principal ingrediente para que el trabajo sea un verdadero espacio de inserción social donde se establecen relaciones de colaboración, solidaridad y hasta afecto; es decir, un lugar donde se forjan vínculos de compañerismo y –quizás, aunque no necesariamente– de amistad.

Atención con este punto, lector, cuando negocie su incorporación o alejamiento de una organización. Pocas formas más efectivas hay de convertir un empleo en un yugo que cuarenta horas semanales de convivencia en un espacio donde nos sentimos ignorados y/o maltratados; en suma, a disgusto.

- **Desarrollo y oportunidades de carrera.** El crecimiento y el desarrollo son aspiraciones e impulsos inherentes a la mayoría de los seres humanos. Se expresan como una voluntad de mejora que, en particular, suele buscar su realización en el plano laboral. Cuando las organizaciones adoptan prácticas que facilitan el desarrollo de las personas se vuelven mucho más eficientes a la hora de gestionar sus talentos. Y los empleados, mucho más entusiastas.

Como ya he señalado, las remuneraciones constituyen un tema clave para cualquier organización, tanto porque impactan directamente como pérdida en el Cuadro de Resultados, como porque de ellas dependen las posibilidades de atraer, retener y motivar al talento que las hace competitivas.

Desde el punto de vista de la organización, una buena estrategia de compensación total es aquella que, a través de programas y teniendo en cuenta las cinco dimensiones de la retribución que acabamos de definir, sirve mejor para la producción de bienes y servicios competitivos y para la instalación de las conductas apropiadas para alcanzar exitosamente las metas organizacionales.

Figura 13. Estrategia empresarial.

Pero la forma en que las cinco dimensiones de la compensación se combinen nunca debe obviar un elemento clave: el valor subjetivo que el destinatario les atribuye. Porque mientras lo ofrecido se compone de las dimensiones explicadas (y adelantadas en la Figura 11 del capítulo anterior), la forma en que esas piezas son valoradas y conjugadas en la mente de quien las está analizando es particular y, en última instancia, idiosincrásica. Un joven de 22 años a punto de ingresar a una empresa y una madre de 35, con dos hijos y un esposo que es trabajador independiente, ¿darían el mismo valor al equilibrio entre la vida personal y la laboral, o a la cobertura de salud? Un profesional soltero, de 29 años y en pleno desarrollo, un gerente de 45 y un director de 59, ¿qué peso relativo otorgarán a las oportunidades de carrera?

Carlos, un amigo a quien hace ya un tiempo que no veo, es un ejemplo claro de la relevancia de tomar en cuenta esa valoración. Algunos años atrás, él trabajaba como Jefe de Liquidación de Sueldos y Jornales (*payroll*) de una empresa constructora muy importante. Durante años Carlos había ordenado los procesos de liquidación, hasta entonces muy complejos a causa de variables propias del rubro de la construcción. Gracias a su empeño, la frecuencia y la envergadura de los errores en la liquidación de la nómina se habían reducido sensiblemente y, con ello, los reclamos de los trabajadores.

El Director de Recursos Humanos entendió que la mejor manera de premiar los logros de Carlos era ascenderlo al puesto de gerente de Relaciones Industriales de una planta que la firma tenía en las afueras de la ciudad. Al cabo de tres semanas, Carlos renunció a la empresa. El Director, muy desconcertado, se comunicó personalmente con Carlos para averiguar qué lo había impulsado a tomar esa determinación.

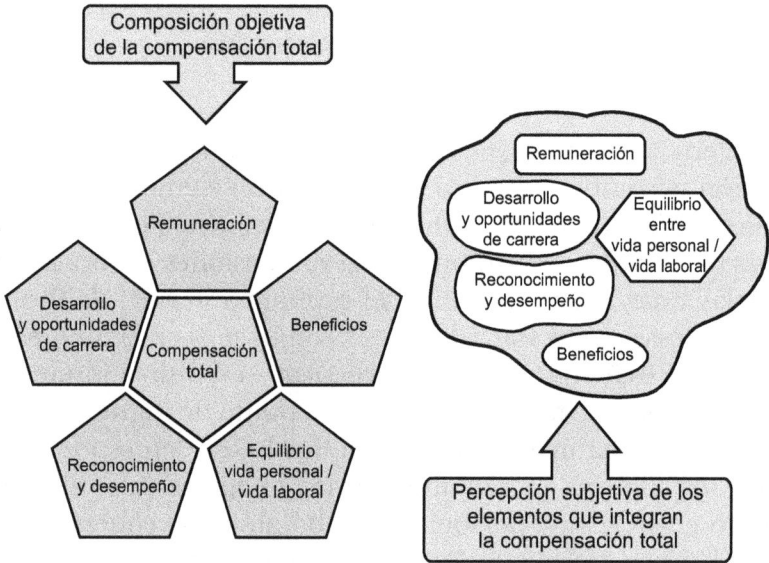

Figura 14. Compensación total objetiva y percepción subjetiva.

"No estoy satisfecho con el nuevo puesto. En absoluto. Y menos aún con las condiciones de trabajo. Por eso decidí irme", dijo Carlos. El Director, asombrado, insistió en explicar que la intención de la compañía no había sido otra que brindarle una oportunidad de crecimiento y de asunción de nuevas responsabilidades desde un nuevo rol, por supuesto, mucho mejor remunerado. ¿Por qué, entonces, la promoción disparó una decisión tan extrema en un empleado con antigüedad en la firma?

Lo que sucedía era sencillo: a Carlos no le gustaba su nuevo rol en lo más mínimo. Antes, él debía resolver dificultades relacionadas con las liquidaciones de sueldos. Ahora, en cambio, debía lidiar con representantes sindicales y eso, definitivamente, no le resultaba agradable. "¡Pero eso es parte de tu crecimiento profesional! Y lo que te brinda la posibilidad de más y mejores ingresos", señaló el Director. Respetuoso y agradecido, pero firme en su decisión, Carlos explicó: "No estoy buscando nuevos desafíos y menos los que supone la negociación sindical. Tampoco me siento ansioso por multiplicar mis ingresos: un sueldo como el que tenía antes y el de mi esposa cubren con creces las necesidades económicas de mi familia. Y en cuanto a mi crecimiento personal… ¿alguna vez te conté que hago crítica de arte para una revista especializada?".

La historia de Carlos pone de relieve las tensiones típicas en torno a la cuestión del desarrollo y el crecimiento en la carrera. "Desarrollarse" significa –en términos sencillos– ampliar en cantidad y calidad las habilidades y los conocimientos de un individuo mediante el aprendizaje, de aquí que muchas organizaciones tengan incluso áreas o dependencias específicas de "Capacitación y Desarrollo". El "crecimiento en la carrera", por su parte, se identifica básicamente con la promoción horizontal o vertical de un empleado a roles de mayor responsabilidad (cfr. Figura 15).

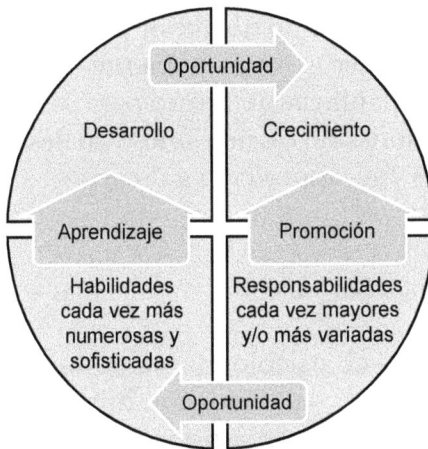

Figura 15. Desarrollo y crecimiento.

¿Por qué hablo de "tensiones"? Porque a veces se olvida considerar la percepción, la vivencia o la valoración de los empleados con respecto a las decisiones sobre compensación adoptadas por las organizaciones. El desarrollo es un proceso que en esencia depende de la persona y de su voluntad de llevarlo adelante; el crecimiento, en cambio, supone la posibilidad cierta de una promoción que corone ese proceso. Cuando la organización estimula el desarrollo pero sin generar oportunidades de crecimiento, provoca entre su gente una suerte de engaño, ligado a una expectativa que no podrá ser satisfecha y que se traduce en frustración.

Otro error frecuente es dar por supuesto que todas las personas, "por naturaleza", desean crecer: Carlos es un excelente ejemplo. Creo que si las personas tuviesen la certeza de que tienen garantizados, por el desempeño de un mismo rol, incrementos salariales futuros suficientes para mantener su estándar de vida, solo algunos querrían crecer laboralmente. En el caso de Carlos, la compañía lo hizo "crecer" (lo promovió) sin desarrollarlo (por ejemplo, capacitándolo en temas de negociación). Y confundió la eficiencia destacada en un rol (desarrollo en el cargo de jefe de Liquidación) con el deseo de afrontar nuevos desafíos (crecimiento por la vía de una promoción a un cargo de mayor jerarquía). Así, la firma cayó en uno de los errores más corrientes en el mundo de las organizaciones: planificar un futuro para sus talentos sin preguntar a las personas de carne y hueso cuáles son sus deseos, sus aspiraciones y su disposición a crecer.

Un enfoque tradicional valioso

De acuerdo con el psicólogo estadounidense Abraham Maslow (1908-1970), la conducta humana se encuentra motivada por el intento de satisfacer nuestras necesidades. Si bien cada persona es única, Maslow sistematizó estas necesidades para todos los seres humanos en distintos tipos, desde las más elementales y apremiantes (por ejemplo, alimento y abrigo) hasta las más sofisticadas (entre otras, las de consecución de los proyectos personales). A continuación, reproduzco un gráfico que representa esta jerarquía de necesidades aunque con algunas modificaciones de la versión original de Maslow, ya que mi propósito no es una exposición teórica sino emplear el modelo para explicar al lector el fundamento de algunas prácticas muy difundidas en temas de compensación. Los méritos de este material son de mi colega Ignacio Ros, con quien he compartido el dictado de posgrados sobre compensaciones en destacadas universidades de la Argentina.

Maslow graficó el vínculo entre los diversos tipos de necesidades organizándolas en una pirámide, donde las más fundamentales estaban en la base y las de más compleja satisfacción cerca de la cúspide. Esta teoría continúa siendo aceptada hasta nuestros días. La jerarquización de las necesidades explica por qué el anhelo de satisfacción de un tipo de necesidad recién es atendido cuando las más básicas ya están satisfechas; dicho de otro modo, explica por qué solo nos volvemos más exigentes a la hora de buscar un empleo cuando sabemos que nuestras necesidades materiales básicas y urgentes están cubiertas.

Cuando una persona inicia una negociación sobre su compensación, comienza por asegurarse que esta atienda –como mínimo– a sus necesidades más perentorias. Estableciendo un paralelo con la pirámide de Maslow, podría decirse que el salario base equivale al piso que hará posible la contratación. Solo una vez que se garantiza esa cifra, el empleado avanza en la negociación por más.[2]

---

2. Esto se relaciona con lo que señalamos más arriba: los beneficios (que, como veremos, responden a necesidades ya no básicas) pueden complementar el salario pero nunca reemplazarlo.

Figura 16. Recreación de la Pirámide de Maslow.

El modelo de Maslow y su priorización y progresiva sofisticación de las necesidades no solo nos ayudará a desarrollar y ver las complejidades del concepto de compensación total. Servirá al lector como una referencia importante a tener en cuenta para cualquier negociación. ¿Por qué? Porque un contrato laboral que garantice principalmente una compensación centrada en el reconocimiento, más temprano que tarde se revelará insostenible en el tiempo. Después de todo, hasta la figura más destacada o ilustre necesita, para continuar produciendo, alimentarse con algo menos elevado pero más sustancioso que los honores.

Clases y categorías de compensación

En la actualidad, cada vez es más frecuente escuchar sobre la "cocina de autor". En muchos casos, se trata de jóvenes chefs que ofrecen al público sus versiones personales de platos tradicionales. Aunque no soy chef ni joven, lo que presento a continuación es mi interpretación de un tema clásico en el área de Recursos Humanos: las diferentes clases de compensación. A mi juicio, existe una innumerable cantidad de elementos y prácticas laborales que influyen en el modo de armar la compensación total. Y, según cómo se combinen, impactarán de diversa manera en las cinco dimensiones de retribución que reseñé más arriba. Se trata de un tema dinámico y, por eso, todos los que participamos en el mercado laboral debemos mantenernos actualizados, aprender y adaptarnos.

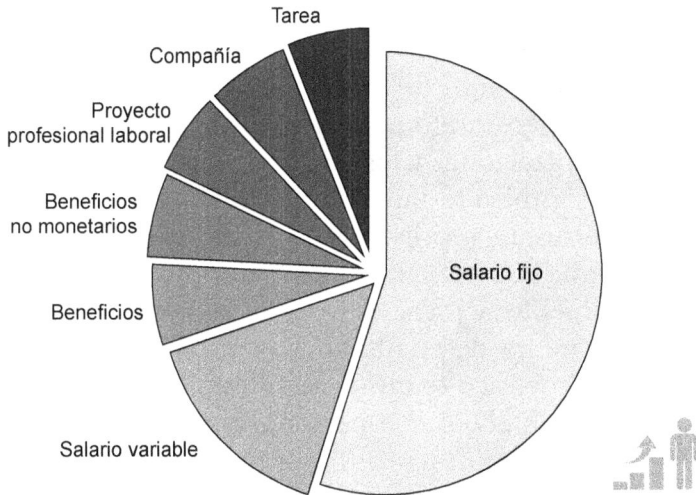

Figura 17. Clases de compensación.

Desde mi punto de vista y a fin de explicar estas ideas, las clases de compensación pueden agruparse en siete categorías, salario fijo, salario variable (a corto y a largo plazos), beneficios, beneficios no monetarios, proyecto profesional laboral, compañía y tarea. Si bien la lista no es taxativa, contribuirá seguramente a aclarar y ordenar la información relevante para negociar una retribución.

Salario fijo

Observe el lector la Figura 17. ¿Qué le sugiere, por ejemplo, la porción asignada al salario fijo? ¿Por qué cree que es mucho más grande que el área atribuida a la suma de las demás?

Si bien no puede establecerse un peso relativo preciso entre las categorías, el dato indiscutible es que el salario fijo fue, es y será el concepto más importante de la retribución para la mayoría de los mortales. Aun si se piensa que durante los últimos años se ha escrito mucho más sobre las demás categorías (por ejemplo, sobre beneficios) y que estas han tenido efectivamente un crecimiento significativo en las demandas de los empleados, el salario fijo en tanto sueldo básico no ha perdido importancia.

Las organizaciones y los empleados le atribuyen al salario fijo un significado tan distinto como relevante. Para la parte empleadora representa un gasto, aunque se jacte o proclame que se trata de una inversión porque, como explicamos, Sueldos y Jornales es desde el punto de vista contable una cuenta de resultado negativo. Para los empleados, el salario básico equivale a la posibilidad de organizar y administrar su economía personal a partir de una certeza sobre su ingreso. El salario fijo permite decidir cuestiones muy concretas, desde cuál será la escuela elegida para los hijos hasta a qué clase de vivienda o a qué nivel de ahorros se podrá aspirar. ¿Por qué? Porque, como ingreso fijo, el cobro de este salario no depende de asumir un riesgo. Por lo tanto, si una persona trabajara mal o no produjera los resultados esperados, se la podría desvincular pero no rebajarle su salario fijo.

No obstante lo explicado hasta aquí, existen numerosos puestos de trabajo en que el salario fijo no es el concepto retributivo más importante. Así sucede, por ejemplo, con los roles muy orientados a los resultados, como el de vendedor o el de *Chief Executive Officer* (CEO). En estos casos, la parte variable de la compensación puede ser mucho más importante que la fija.

A comienzos de los años 90, estaba colaborando en un proceso de reclutamiento y selección de vendedores para una empresa de telefonía celular. La venta de los equipos era muy importante para la compañía, ya que entendía que ese era el vehículo más rápido, económico y efectivo para colocar líneas telefónicas. Mientras comentaba las condiciones de ingreso y, en especial, cuál era el salario fijo ofrecido a uno de los postulantes –quien desplegó luego una interesante carrera en la firma–, él me interrumpió y me preguntó acerca del salario variable: de qué dependía, si había algún monto máximo, si las zonas asignadas a los vendedores estaban protegidas... Para mí, esa fue la señal inequívoca de que estaba en presencia de un auténtico vendedor; una personalidad dispuesta a asumir el riesgo de la variabilidad confiado en su efectividad en el rol. O dicho de un modo más llano: el comentario demostraba la confianza que se tenía como vendedor.

Figura 18. Composición del salario fijo.

El salario fijo, a su vez, se compone de –al menos– los siguientes cuatro conceptos.

- **Adicional por función.** Se relaciona con una función especial que el empleado debe realizar en un período determinado y que probablemente cese en un futuro. En algunos países, cuando un empleado reemplaza a su jefe de forma interina, se le reconoce un adicional hasta tanto haya un nombramiento efectivo en el cargo, o que su jefe regrese y el interino vuelva a su posición original. Esta retribución se mantiene mientras dure el reemplazo.

- **Sueldo 14.** Refiere a las prácticas de pago anual de cada país. En Chile, por ejemplo, el salario anual se descompone en 12 mensualidades; en la Argentina y en México, se abonan 13 (12 sueldos más un "sueldo anual complementario" pagadero en dos cuotas semestrales), y en Perú, 14. Cuando una compañía ofrece a su personal un adicional fijo (por política interna y sin que esté sujeto al logro de objetivos adicionales) se lo incluye en este concepto.

- **Gratificaciones.** Son un pago que realiza la organización y que no guarda relación con un objetivo logrado o por conseguir. Algunas firmas, por ejemplo, eligen compartir así con su gente parte de las ganancias obtenidas después de un año próspero. Dado que su variabilidad es relativa, incorporo las gratificaciones al salario fijo. Atención: en algunas regiones y mercados, las leyes obligan a que, una vez pagado, se convierta en un derecho adquirido y, por lo tanto, en un concepto de retribución habitual.

- **Bonus de contratación.** También llamado en inglés *hiring bonus*, suele emplearse para atraer al talento hacia una organización. Se aplica cuando el candidato a ingresar puede dejar de percibir, por diversas circunstancias, un ingreso futuro. Se considera un valor fijo, ya que la única condición para su cobro es que la persona permanezca en la compañía.

Para ilustrar el bonus de contratación, nada mejor que un ejemplo. Hace unas semanas culminamos el proceso de búsqueda de un ejecutivo para una organización internacional. Se trataba de un director de Ventas para un laboratorio de especialidades medicinales. El candidato seleccionado venía de trabajar más de diez años en otra compañía similar, donde había forjado su trayectoria y ganado la confianza de sus jefes. Esa empresa, además de su remuneración habitual, le pagaba bonos por trayectoria y antigüedad,[3] los que perdería al incorporarse a una nueva firma. Durante la negociación final, el candidato mencionó esta circunstancia. La futura empresa empleadora, honrando el real interés en incorporar a este candidato, le ofreció un bono por contratación que procuraba disminuir o contrarrestar de alguna manera esa pérdida, aunque pagadero en cuotas semestrales durante los siguientes dos años. De esta manera, la parte contratante se aseguraba que el nuevo empleado no abandonara la nueva firma después de recibir ese dinero.

Salario variable (a corto y a largo plazos)

La principal diferencia que existe entre esta categoría y la anterior es que para percibir el salario variable el colaborador debe alcanzar ciertos objetivos o resultados, o deben verificarse determinados acontecimientos, algunos pautados de antemano. El salario variable constituye una porción de la remuneración sujeta a riesgo de cobro; es decir, no está garantizada.

La administración de esta forma de pago es muy controvertida. Mientras algunos la consideran una oportunidad de

---

3. Estos bonos son un ejemplo de salario variable a largo plazo, concepto que explico en el siguiene parágrafo.

ganar más dinero, otros la interpretan como una forma de explotación pensada para que las personas produzcan un beneficio mayor a las organizaciones. Veamos un ejemplo.

A comienzos de la década de 1980 me desempeñaba como gerente (muy) *Junior* de una empresa que fabricaba teléfonos y circuitos integrados de comunicación. La dotación de la compañía era de lo más heterogénea: empleados administrativos, vendedores y operarios, estos últimos, sindicalizados. El dueño de la firma tenía la sana idea de compartir el aumento de la productividad que se produjera en la planta mediante el pago de adicionales y, con este fin, me encomendó el diseño de un programa de remuneración variable para los operarios que alcanzasen ciertos resultados (volúmenes de producción, disminución de piezas defectuosas, etcétera). Luego de algunas semanas de consultas con el dueño y los gerentes, terminé de elaborar el diseño y comunicamos la "buena noticia" al personal, incluidos los delegados sindicales. La propuesta debió haber sido, seguramente, mal comunicada. O no tuvo en cuenta ciertos elementos. O el contexto no era quizás favorable. Lo cierto es que la respuesta recibida fue desconcertante: "¿Por qué en vez de ofrecer ese plus como un salario variable no lo incorporan al sueldo fijo?". Así, lo que para el dueño y su cuerpo gerencial era una forma de reconocer y compartir un logro colectivo, los beneficiados por la iniciativa la leían como una forma de presionarlos para obtener mayores resultados.

- **Salario variable a corto plazo.** Está dirigido a empleados cuyo desempeño o resultados pueden medirse en períodos cortos; es decir, en plazos inferiores a un año. Las metas —es decir, los resultados cuyo logro determina hacerse acreedor del salario variable— son por lo general previamente acordadas y, por supuesto, explicitadas entre la organización y los miembros involucrados. Se cuentan entre estos los vendedores, operarios, analistas de diversas áreas, gerentes y demás.

¿Qué forma adopta este salario variable a corto plazo? La de bonus, incentivos, premios y similares. Su valor suele guardar una proporción con el salario fijo y habitual. El bonus puede equivaler –por ejemplo– a un salario y abonarse en forma mensual, bimestral, trimestral, etcétera.

Las comisiones son una manera tradicional de recompensar a la fuerza de ventas. En este caso, los valores tienen relación con el total de ventas o los volúmenes vendidos. Los bonus de contratación, por su parte, y su diferimiento en el tiempo responden por lo general al diseño del plan de captación o retención de empleados, como en el ejemplo del director de Ventas del laboratorio de especialidades medicinales mencionado un poco más arriba.

- **Salario variable a largo plazo (más de un año).** Se aplica a posiciones jerárquicas cuyas decisiones afectan a la compañía y a sus balances en períodos mayores al año calendario.

Si bien esta práctica no es exclusiva de firmas que cotizan sus acciones en la Bolsa de Valores, es poco frecuente verla en otras empresas. Una forma habitual de instrumentar el salario variable a largo plazo es la opción de compra de acciones (en inglés, *stock options*). Consiste en ofrecer a ciertos ejecutivos la posibilidad de adquirir acciones en el futuro a un precio o valor presente. Se busca así incentivar que el personal con mayores responsabilidades de dirección colabore activamente con el logro de los objetivos organizacionales al correlacionar parte de su remuneración con el mejoramiento del valor de las acciones entre el momento en que se le ofrece tomarlas hasta el momento real de la adquisición.

- La empresa estadounidense eBay (sí, esa que muchas personas usan para comprar toda clase de cosas) ofrece un ejemplo interesante de este pago variable. Cotiza sus acciones en NASDAQ (siglas de National Association of Securities Dealers Automated Quotation), una de las bolsas de valores más importante de los Estados Unidos. A sus ejecutivos de alto nivel, la empresa les ofrece la posibilidad de recibir anualmente acciones por un monto determinado. Ese valor de cada acción es fijado al momento del inicio del beneficio. Con esto, se incentiva que el ejecutivo, mediante su desempeño y el logro de resultados, colabore en el mejoramiento del valor de la acción en el mercado. Así, si la acción hubiese sido ofrecida al ejecutivo a 55 dólares y, después del plazo fijado en el acuerdo de compensación, trepara a 60 dólares, cada beneficiario podrá recibir la diferencia entre el valor de origen y el final. Mediante este programa, eBay persigue dos objetivos clave para el negocio: por una parte, incentivar el compromiso de cada beneficiario hacia la suba del valor de la acción, y por otra que el salario variable a largo plazo funcione como un programa de retención, que torne más alta la barrera de salida de ciertos ejecutivos clave que podrían ser tentados por otras empresas. A propósito, algunas compañías que instrumentan las *stock options* incluyen la permanencia en la firma hasta el vencimiento del plazo estipulado como condición para cobrarlas. ¿Y qué sucede si el valor de la acción cayó al final del período? El beneficiario puede conservar sus acciones y venderlas cuando la cotización le resulte conveniente.[4]

---

4. Si bien a los fines expositivos he simplificado el ejemplo, puede ilustrar al lector sobre esta modalidad de compensación.

Beneficios

Representan el componente más cuestionado, resistido y también valorado de la compensación total pues no integran la retribución en dinero sino que la completan. Los beneficios, por lo general, tienden a proporcionar servicios que no están exigidos por las leyes. Es una oportunidad que aparece cuando las regulaciones son lábiles o poco claras, o cuando la competencia por los recursos humanos hace necesario diseñar una propuesta con mayor poder de atracción y retención de los mejores talentos.

Buenos o escasos, teñidos siempre por la valoración subjetiva de quien los concede y de quien los recibe, los beneficios nunca pasan inadvertidos. Con frecuencia se vuelven el chivo expiatorio de los disgustos del personal. Así, un mal clima laboral provocado por un gerente deviene en un reclamo por la insuficiencia de la comida que se sirve en el comedor de la planta o el poco valor de los productos que la compañía regala a su gente. Veamos algunos de los más frecuentes y difundidos.

El automóvil. Portador de un prestigio asociado de alta visibilidad, el automóvil quizás se cuenta entre los beneficios más importantes que las empresas otorgan. ¿Por qué? En primer lugar, porque suele indicar que el beneficiario desempeña –como mínimo– un rol gerencial. En segundo lugar, porque supone un ahorro de dinero significativo para el empleado.[5]

En la actualidad, las compañías otorgan este beneficio de variadas formas, entre otras, con la entrega de un auto que debe devolverse al cabo de cierto período, o mediante préstamos para la compra del rodado con el reconocimiento de los gastos asociados. Con independencia de la modalidad de

---

5. En el próximo capítulo abordaremos cómo cuantificar ese ahorro.

implementación, debe subrayarse que se trata de un beneficio muy valorado, que no solo motiva a quien efectivamente lo recibe sino que además incentiva a otros a esforzarse para hacerse también merecedores de él. Por eso, el automóvil se ha tornado controvertido para algunos profesionales del área de Recursos Humanos ya que, según argumentan, provoca una fuerte frustración entre los que finalmente no logran obtenerlo, y hasta rencor en quienes por su posición ni siquiera califican para competir por él.

El almuerzo. Quizás sea uno de los beneficios más antiguos que las compañías ofrecen a su personal, por lo general, para compensar los problemas que acarrea el emplazamiento geográfico de la planta o las oficinas. La posibilidad de ofrecer un espacio y un servicio de comida es una práctica muy difundida en varios países, razón por la cual los empleados muchas veces no lo perciben como un beneficio extra de la compensación total. "Imagino que tienen comedor en la planta", me explicó una vez Rafael, un experimentado responsable de Control de Calidad. "Por eso, en las entrevistas de ingreso, ni lo pregunto." Sin embargo, conviene que todos los "Rafaeles" que estén leyendo estas páginas no se muestren tan confiados ya que algunas firmas, cuando la legislación local lo permite, en vez de comedor ofrecen vales de almuerzo para utilizar en restaurantes de la zona. El beneficio del almuerzo puede darse de diversas formas, desde el reconocimiento total o parcial del gasto hasta la disposición de un espacio físico para que los colaboradores puedan almorzar la vianda traída de casa o comprar su comida.

El plan de retiro. Se trata de un beneficio muy valorado en todos los mercados laborales, pero especialmente en aquellos países donde el monto que reciben los trabajadores al momento de retirarse dista mucho de la remuneración percibida en su vida activa, situación que los obligaría a reacomodar su estándar de vida. El plan de retiro es un complemento que las compañías ofrecen a su personal para mejorar sus ingresos al momento de la jubilación.

Existen diversas fórmulas aplicables, que pueden adaptarse según la edad de los empleados destinatarios y el presupuesto de la organización, ya que suele ser costoso. El plan de retiro es un beneficio a largo plazo, cuyas ventajas deben evaluarse en perspectiva y detenidamente a partir de solicitar al empleador la mayor cantidad de información posible.

Jordi, un muy competente enfermero catalán, sabía que la clínica donde trabajaba invertía € 1.500 por año para mejorar su plan de retiro. Claro que, para beneficiarse de esa inversión debería permanecer en la organización hasta el momento de retirarse. A sus 38 años, Jordi percibía el momento de jubilarse como algo que iba a ocurrir dentro de tanto tiempo que difícilmente podía imaginar cuánto lo disfrutaría. ¿Qué hizo? Se dirigió a la oficina de Personal para averiguar si era posible cambiar ese beneficio por dinero contante y sonante, aunque fuera menos. ¿Qué demuestra esto? Que para Jordi, el plan no revestía atractivo suficiente.

Los préstamos. Es un beneficio característico de mercados donde los asalariados tienen poco acceso al crédito. En estos casos, las organizaciones suelen ofrecer a sus empleados préstamos, por lo general, a tasas diferenciadas.

Existen tres clases principales de préstamos: los de emergencia, los personales y los destinados a la compra o refacción de viviendas. Los préstamos de emergencia son excepcionales y, no suelen generar intereses. Se aplican, por ejemplo, a brindar ayuda en casos especiales de problemas de salud o a la atención de dificultades provocadas por accidentes. Los préstamos personales se aplican para la compra o renovación de bienes de consumo. Los destinados a la vivienda son a más largo plazo.

Estas líneas de crédito o préstamos son bien recibidas por la gente siempre que el mercado no las ofrezca. Si el sistema financiero está muy desarrollado –por ejemplo, con mínimos requisitos provee tarjetas de crédito y de compra–, el beneficio pierde atractivo como componente de la compensación, sobre todo el crédito destinado al consumo.

Las licencias extraordinarias. Comprenden no solo los días que incrementan las vacaciones anuales ordinarias sino también los que se otorgan para que el empleado participe de eventos personales y familiares significativos. Esta práctica comienza a incluir modalidades antes poco corrientes –salvo por vía de excepción– como, por ejemplo, las licencias para los padres en ocasión del nacimiento de un hijo. Con respecto a estas licencias, en el caso de días adicionales de vacaciones, conviene asegurarse de que el tipo de tarea que se va a realizar no impida que el beneficio se haga efectivo.

La medicina privada o seguro médico. Bajo este título se incluyen todos los aportes que, por fuera de las exigencias legales, realizan los empleadores para mejorar las prestaciones médicas que reciben los empleados y sus familias. Como el plan de retiro, este beneficio es bien valorado por cierta clase de empleados, por ejemplo, los mayores de 30 años y los padres de familia. En cambio, los solteros o menores de 30, dada su condición de "inmortales", poco valor atribuyen a un servicio que escasamente aprovecharán.

El seguro de vida. De manera similar al plan de retiro, esta práctica es más apreciada por quienes tienen más edad. Es un beneficio que se efectiviza cuando el titular experimenta un siniestro personal importante (accidente, discapacidad, fallecimiento). Se trata de un servicio de bajo costo para la organización que, como compensación, es valorado de manera dispar por sus beneficiarios.

Figura 19. Ejemplos de beneficios.

El acceso a productos de la compañía, regalos y descuentos en la compra de productos propios. Algunas empresas obsequian en fechas especiales (cumpleaños, casamiento, nacimientos) u ofrecen a sus empleados a memores precios los productos que la compañía elabora o distribuye. Esto es más común en las firmas de consumo masivo; incluso, el otorgamiento de descuentos sobre sus productos. Aunque el beneficio suele ser bien visto, tiende a perder su efecto motivador una vez incorporado como práctica habitual.

Arcor, por ejemplo, es una compañía de origen argentino con plantas y oficinas comerciales en todo el mundo. Produce y distribuye golosinas, y es uno de los exportadores internacionales más grandes en su segmento. Asimismo, fabrica otra gama de alimentos, entre los que se incluyen galletas y frutas envasadas. Cuatro veces al año entrega a todo su personal y de manera gratuita una caja con los principales productos propios y con otros recibidos de sus proveedores. La última caja se entrega en diciembre, en vísperas de Navidad y Año Nuevo. Si bien los empleados reciben con agrado estos obsequios, una vez transcurridos un par de años, el beneficio comienza a percibirse simplemente como un derecho adquirido más.

Beneficios no monetarios

Los beneficios descriptos hasta aquí, aunque muy heterogéneos, tienen una característica común: para la organización y para el empleado resulta más o menos sencillo establecer su cotización en dinero. Los que describiré a continuación, por el contrario, se distinguen por ser de monetización muy compleja o casi imposible. Se los denomina beneficios no monetarios. Su valor es principalmente una apreciación subjetiva del destinatario. Sugiero al lector que los lea con atención y piense qué impacto tendrían si hoy se los ofrecieran a usted.

La capacitación para empleados y sus hijos. "Ellos quieren que estudie este posgrado", me explicaba Miguel, un alumno que cursaba conmigo hace algunos años. "Ellos" (la compañía para la que trabajaba) lo "obligaban" a estudiar. La forma en que lo decía evidenciaba claramente que la empresa no había logrado comunicarle eficazmente el beneficio de la capacitación. Aunque Miguel debía disponer de su tiempo libre para dedicarlo a las horas de clase y estudio, ese entrenamiento se lo llevaría consigo para ponerlo en juego en su puesto actual o en cualquier otro que desempeñase en el futuro, allí o en otra parte. Miguel se estaba capitalizando. Lástima que no se diera cuenta.

La capacitación es considerada un beneficio siempre que mejore la empleabilidad de quien la recibe. Algo similar ocurre cuando el beneficio se pone al alcance de la familia de los empleados (en especial, de sus hijos) mediante el otorgamiento de becas, el reintegro de los gastos de estudio o la provisión de útiles escolares.

Las actividades culturales, sociales y deportivas; la revista interna (*house organ*). El lector ya estaba advertido que estábamos en terreno de gran subjetividad y en donde los

96

beneficios no podían ser cuantificados. Hay una gama de actividades o servicios que están disponibles en algunas empresas, que tienen un relativo bajo costo y que buscan una mayor relación de los empleados entre ellos, con la compañía y con sus familias. Esto se torna más patente cuando la dispersión geográfica de las plantas o las unidades es importante, lo que hace beneficioso y hasta necesario integrar al personal.

Entre las actividades pensadas con este propósito se cuentan los torneos deportivos, las fiestas de fin de año y las celebraciones especiales, así como la formación de grupos de interés cultural, social, deportivo, etcétera.

En este marco, la revista interna o *house organ* constituye un medio eficaz para comunicar acciones o eventos de la empresa relacionados no solo con los negocios sino también con el personal. A este medio se suman todas las potencialidades que brindan las redes sociales, las cuales un número creciente de empresas comienzan a explorar y explotar (comunidades virtuales creadas sobre plataformas *ad hoc*, grupos cerrados en Facebook y otras herramientas similares).

Los viajes. Sumar millas como pasajero frecuente o conseguir una mejora en la clase en que se viaja suelen percibirse como beneficios atractivos, tanto porque permiten emplearlos para el disfrute privado (los viajes de placer pagados con millas) o para mejorar el desempeño profesional en un viaje de negocios (definitivamente, no es lo mismo diez horas de vuelo en un asiento de clase económica que en uno de clase ejecutiva).

Gerardo fue durante muchos años vicepresidente de Recursos Humanos de Cargill para América Latina. Un día lo encontré en un aeropuerto, en el salón VIP de una aerolínea. Viajero frecuente, su compañía lo trasladaba en clase ejecutiva. Como por entonces yo viajaba poco, escuchaba todo lo que decía con mucha atención. Según me explicó, había acumulado unos cuatro millones de millas. Si un pasaje a Nueva York desde Buenos Aires insumía unas 40.000 millas en clase económica, Gerardo estaba en condiciones de invitar a dar una vuelta en carruaje por el Central Park a toda su familia más varios amigos. "¡Me imagino las vacaciones que harás, Gerardo!" Me miró, y con gran sencillez pero profunda convicción me dijo: "¿Vacaciones? Vacaciones son quedarme en casa, lejos de cualquier avión". Una vez más, el valor de este y cualquier otro beneficio es principalmente una percepción subjetiva. ¿Mi consejo? Antes de dejarnos encandilar por el brillo del beneficio, detengámonos en un ejercicio de imaginación y reflexionemos si estamos dispuestos a brindar el servicio que se nos pide a cambio (en el caso de Gerardo, "vivir en un avión").

Las asignaciones internacionales. Muchas personas tienen la fantasía de que la compañía los envíe a una gran ciudad, confortable y segura, con todos los gastos pagos (de traslado y para visitar periódicamente su ciudad de residencia habitual) y, por supuesto, con un salario en una moneda de mayor valor. Pero la realidad suele ser diferente.

Félix tiene 48 años y vive en Querétaro. Como parte de un programa de crecimiento, la compañía le ofreció mudarse a otro país donde la empresa tenía operaciones. Sabía por otros casos que la empresa ayudaba mucho a quienes aceptaban el desafío de trasladarse y esto lo seducía. Los destinos posibles le resultaban por demás interesantes: Madrid, Barcelona y Bilbao. Habló de esta posibilidad con su esposa y ella se mostró encantada de acompañarlo, aun cuando para continuar ejerciendo su profesión de odontóloga debiera tramitar las equivalencias de títulos con las autoridades de España. Por lo demás, no habría obstáculos idiomáticos.

El destino, finalmente, no fue España sino un sitio cerca de allí: Rabat, la capital de Marruecos. Es que la compañía había decidido iniciar sus operaciones en el Norte de África y necesitaban un experto en SAP, como Félix, para instalar todos los procesos. Extraordinario lugar de veraneo por sus paisajes y cultura pintoresca, Rabat exigía a quien decidiera radicarse allí hablar francés o árabe. Félix y su esposa supieron del cambio de España por Marruecos cuando sus aprontes de mudanza estaban muy avanzados. ¿Resultado? En cuanto tuvo la ocasión de cambiar de empresa, Félix renunció porque sentía que él y su esposa habían recibido un trato más que desconsiderado.

Aquí aplica, otra vez, el consejo de dejar reposar por un rato el entusiasmo y evaluar con cierta distancia o frialdad las implicancias de una asignación internacional. Sobre todo porque mudarse a otra parte suele revolucionar tanto la vida del asignado como la de sus seres queridos, ya sea porque deben desarraigarse y reinstalarse "siguiendo a otro", ya porque deben sufrir las consecuencias de una distancia no siempre fácil de salvar. La idealización de los destinos y sus culturas constituye un error también corriente: Londres es una ciudad hermosísima... siempre que se esté dispuesto a disfrutar de noches invernales de quince horas de duración. Por otra parte, la pujanza y prosperidad de algunas economías no alcanzan a compensar las diferencias de costumbres, creencias y estilos de vida. En suma, la asignación internacional puede ser una gran oportunidad si es aceptada después de hacer las debidas consideraciones.

Proyecto profesional laboral

Sin dudas, el lector notará que ingresamos paulatinamente en un terreno para muchos controvertido. Cuando explico y ejemplifico el proyecto profesional laboral como parte de la compensación en mis clases de posgrado, algunos alumnos sostienen que no siempre debería considerarse de ese modo. Aunque estos debates me estimulan a pensar y repensar el tema, hasta hoy continúo convencido de que sí es parte de la compensación total.

Figura 20. Elementos que nutren un proyecto profesional laboral.

En el proyecto profesional laboral queda comprendida la mayoría de los conceptos de compensación relacionados con el rol que desempeña el individuo. En general, quienes valoran el plan de carrera como un proyecto profesional otorgan mucha importancia a las funciones que cumplen en la compañía. Los profesionales de Tecnología y Sistemas están muy pendientes de los recursos que se les asignan. Contar con la última versión de un software determinado es muy apreciado por ellos. Los jóvenes que están ingresando al mercado laboral ven con buenos ojos las posibilidades de crecimiento y desarrollo de carrera que la empresa dispone para ellos. Aunque no sea una garantía, les gusta saber si se trata de una organización pujante y en crecimiento.

Tarea

Y vamos por más. ¿La tarea puede motivar? ¡Claro que sí! Y también desmotivar. Por eso, puede incluirse entre los ítems que componen la compensación total.

Tomemos, por ejemplo, los programas para jóvenes profesionales que las empresas ponen en marcha en busca de estudiantes universitarios avanzados, con buen desempeño académico y alto o muy alto potencial. Esta clase de programas representan mecanismos –ya bastante difundidos– que emplean las organizaciones para nutrirse de sangre nueva. El proceso de selección es largo y tedioso. En muchos casos, los jóvenes son sometidos a pruebas de tal nivel de sofisticación que haría pensar que están siendo seleccionados para tripular una nave espacial. A medida que van sorteando esas pruebas, sus expectativas laborales aumentan. Pero ¿qué sucede cuando el ingreso se hace efectivo? Se enfrentan a la realidad de desempeñar tareas más bien básicas para las que están sobrecalificados. "¿Cuánto tiempo tendré que desarrollar esta función?", se preguntan inmediatamente. "No mucho", suelen responder los jefes. "Apenas dos años..." Claro está que ese lapso no representa lo mismo para un jefe de entre 35 y 45 años que para un joven de 22 o 25 años. De todos modos, los conocimientos técnicos que deban incorporar y el estilo de liderazgo que puedan aprender serán herramientas muy valiosas para que capitalicen entre sus competencias laborales, porque les facilitarán su crecimiento y desarrollo posterior.

Una mención especial merece el teletrabajo como nueva práctica organizacional. Sin pretender catalogarlo como un beneficio compensatorio, puede decirse que habilita una modalidad muy en línea con las aspiraciones de muchos talentos: evitar los viajes en hora pico, ampliar la autonomía en la organización de la estación de trabajo y de los horarios dedicados a las tareas, etcétera. Quizás sea la práctica que más ha evolucionado en los últimos años, y todo hace suponer que lo seguirá siendo en el futuro. La mejora en las telecomunicaciones y su consecuente reducción de costos han permitido que algunas funciones se cumplan fuera de los espacios y tiempos tradicionales.

Sin embargo, para que el teletrabajo se implemente y sea sostenible en el tiempo deben darse tres condiciones, derivadas del rol, de la persona que teletrabaja y de su jefe directo. La primera parece obvia: que la tarea pueda llevarse a cabo fuera del espacio de la organización. En consecuencia –y al menos por ahora–, difícilmente los operarios de una planta de producción o distribución de productos físicos puedan teletrabajar. La segunda condición es que el empleado pueda y quiera hacerlo. El teletrabajo exige un espacio, seguridad, conectividad y otras facilidades no siempre disponibles para cualquiera. A veces, alguien puede querer trabajar desde su casa pero su situación familiar (hijos pequeños, poco espacio, etcétera) no lo permite. La tercera condición, por último, involucra a los jefes directos y su manera de liderar. Muchos necesitan ver literalmente a su gente, mientras que otros pueden hacerlo con solo contar con una buena línea de comunicación. En cualquier caso, resulta capital que esos jefes confíen sinceramente en esta modalidad de trabajo. Quien continúe convencido en su fuero íntimo de que "el ojo del amo engorda el ganado" es probable que fracase en la implementación del teletrabajo, es casi como una profecía autocumplida.

En un estilo análogo al teletrabajo pero no idéntico, podrían incluirse aquí el horario flexible, el banco de horas (compromiso de cumplir cierto número de horas de labor por proyecto, pero en horarios libremente elegidos aunque con una fecha de finalización común a todo el equipo) y muchos otros derivados de la gestión del tiempo y la jornada laboral.

Coca-Cola es una compañía que se define a sí misma como de marketing. A diferencia de las embotelladoras, que ocupan mucha mano de obra intensiva en los procesos de producción, logística y distribución, The Coca-Cola Company cuenta con una dotación mucho más reducida, que –en su mayoría– cumple funciones que pueden realizarse de manera virtual. Apalancados en esta realidad y sumando una visión avanzada de los recursos humanos, la empresa tiene una amplitud de beneficios y servicios para todo su personal asociados a la jornada laboral. Así, ha implementado un horario flexible de ingreso y salida de las oficinas sometido a una sola condición: que todos los colaboradores coincidan en la oficina entre las diez de la mañana y las tres de la tarde. ¿Por qué? Porque han establecido que ese es el horario crítico. Por lo demás, que el sector y el grupo manejen sus horarios de llegada y salida.

American Express ofrece un caso interesante de banco de horas. Los equipos de trabajo tienen horas de dedicación asignadas y una fecha de entrega de los proyectos encomendados. Como los empleados gozan de cierta discrecionalidad para distribuir o acumular esas horas, con frecuencia logran trabajar un día menos a la semana. Cabe consignar que la compañía no permite acumular esta ventaja con otros beneficios –por ejemplo, vacaciones o licencias extraordinarias–, pero alargar un día todos los fines de semana no suena nada mal.

Mucho es lo que se ha avanzado en estas prácticas y entiendo que otro tanto más se hará en el corto plazo. No sabemos dónde están los límites pero sí que están dadas las condiciones físicas y humanas, sobre todo, de confianza. Estoy seguro de que en breve veremos nuevas y variadas formas de trabajar.

Compañía

Por último, me referiré a la organización, un factor clave de disfrute o sufrimiento según el caso. Es evidente que, desde el punto de vista de la compensación, resulta difícil o imposible cuantificar el valor de un empleador. No obstante, todos sabemos que la inclusión de ciertos nombres como una línea de nuestro *curriculum vitae* constituye un galardón valioso en el mercado.

Cuando se cambia de empleo, la imagen de la marca es el primer elemento que se percibe de la nueva organización. Cuando nos formamos una primera impresión buena, a veces esta se confirma apenas ingresamos; quien haya trabajado en American Express, por ejemplo, recordará siempre que "pertenecer tiene sus privilegios". Pero en ocasiones no solo no se confirma sino que genera una profunda decepción, un problema corriente entre las empresas que no aprendieron aún que, además de parecer, se debe ser.

Junto con la marca de la compañía, existen otras formas de compensación que sus empleados pueden percibir: la seguridad que transmite a su gente, incluso en escenarios desfavorables; un buen clima de trabajo; la mística de ser parte; etcétera. Toyota es una firma que rinde un culto interesante a la seguridad en el empleo, que protege a sus trabajadores de forma especial cuando el mercado en donde está operando entra en crisis. Esto crea un sentimiento de lealtad que no se observa en otras organizaciones. Además, sus procesos de fabricación generan orgullo entre sus empleados y alimentan una mística especial.

La ubicación geográfica del lugar de trabajo, aunque parezca frívolo, no es un dato menor. Para demostrarlo, pido al lector que indique cuál de estas opciones refleja mejor el tiempo que le demanda llegar a su empleo cotidianamente.

- Cuarenta y cinco minutos por tramo (en total, ida y vuelta, una hora y media por día).
- Una hora por tramo (en total, ida y vuelta, dos horas por día).
- Una hora y quince minutos (en total, ida y vuelta, dos horas y media por día).

¿Ya tiene su respuesta? Pues bien, si eligió la primera opción, usted dedica 15,6 días del año solo a viajar hacia y desde su trabajo; un período de tiempo casi igual al de sus vacaciones anuales. Si seleccionó la segunda, 20,8 días. Si fue la tercera, 26 días. Aunque todos los valores son aproximados y no consideran atascos circunstanciales (accidentes, manifestaciones ciudadanas, celebraciones callejeras), es evidente que el tema se vuelve muy relevante, en especial, con respecto al deseado equilibrio entre vida personal y tiempo de trabajo.

A pesar de que algunas personas conviertan estos viajes en tiempos productivos (dedicándolos a la lectura, el tejido, escuchar música, etcétera), para la mayoría de nosotros trasladarnos todas las mañanas a la oficina para permanecer allí un mínimo de ocho horas representa una tarea que nos insume –y consume– una parte importante de nuestras horas de vigilia. En grandes urbes como el Distrito Federal de México, Madrid, Santiago de Chile o Buenos Aires, transportarse no es fácil, sobre todo en los horarios críticos. Por lo tanto, es necesario valorar la ubicación de nuestro lugar de trabajo.

Cuando evaluaba su incorporación como profesional a un importante sanatorio céntrico de Buenos Aires, Ernesto preguntó al jefe de Servicio que lo estaba entrevistando si la sala de atención tenía luz natural. "Tercer subsuelo", fue la lacónica respuesta. Considerando que su contrato implicaba trabajar allí más de 12 horas diarias –con una guardia semanal, además, de 24 horas–, la pregunta resultaba por demás relevante. Mientras Ernesto se retiraba, el entrevistador continuó buscando a su candidato en la larga fila de médicos recién recibidos… a los que no les importaría aceptar esas condiciones.

Richard era el director de Recursos Humanos de Productos Roche, una empresa farmacéutica que no requiere presentación alguna. En los procesos de selección de profesionales, Richard me pedía que los entrevistara en las oficinas localizadas fuera del centro de la ciudad, un lugar algo apartado pero con buen acceso por autovías. La empresa disponía, además, de un servicio de traslados para facilitar el transporte a su personal.

La planta había sido diseñada conforme altos estándares de calidad en su espacio físico, iluminación y ventilación. Si bien este concepto fue igualado y superado por otras construcciones posteriores, en su momento se ubicaba entre las instalaciones de vanguardia. No había oficinas cerradas, ni siquiera para el gerente general. Solo había varias salas de reuniones que todos utilizaban de manera muy prolija. La firma contaba con un servicio de comedor (que, a mi juicio, hasta el día de hoy continúa superando a los de otras empresas de la zona) y un gimnasio para uso de los empleados en sus ratos libres. Cuando conocí este lugar, lo que más me llamó la atención (de lo mucho positivamente sorprendente que vi) fue el entorno verde donde se situaba el predio. "Cuenta la leyenda" que el gerente general que propició la compra del lugar y la construcción del edificio entendía que los colaboradores debían hacer una pausa al mediodía, no solo para ir al comedor e inmediatamente volver después del almuerzo. Estaba convencido de que necesitaban caminar y ver otro escenario, distinto del de sus escritorios, ordenadores y papeles. Eso –sostenía aquel señor– era bueno para la gente. Y para el trabajo. Con dicho propósito, hizo construir caminos o senderos que bordearan el edificio principal hasta un pequeño lago con peces y patos de colores bellos y llamativos. El panorama, lejos de disminuir la productividad, la incrementaba. ¿Sabe usted qué fue lo que más me sorprendió de todo ese escenario? Que su mentor hubiese sido un gerente general, no un director de Recursos Humanos.

Más que dinero

He destinado este capítulo a explicar y describir los principales elementos que integran las compensaciones. No pretendía hacer una exposición académica. Tampoco acabada, ya que hay otros componentes a los que se agregarán más en un futuro cercano. Mi propósito fue, en rigor, invitarlo a pensar con mayor amplitud y más creativamente sobre todo lo que las organizaciones pueden o podrían poner a disposición de sus colaboradores para conformar la compensación total.

Espero haberlo convencido de que el dinero, aunque es un componente sustancial, no es el único ni el excluyente de la compensación. ¿Cuánto podría valer para Ernesto renunciar a ver la luz natural durante días y días? Y al revés, ¿cómo valorar la tranquilidad de un seguro de retiro más acomodado si hoy tengo que dormir en la misma habitación con mis hijos pequeños porque no cuento con el dinero para rentar una vivienda más amplia?

Quisiera que el lector no intente dar a todos los elementos el mismo valor ni pretenda jerarquizarlos de modo que unos resulten insignificantes en comparación con otros. Desearía, más bien, que pueda comprender que la compensación total es un conjunto de "fichas", que pueden formar múltiples figuras, tan diversas como atractivas; todo depende de la percepción de su destinatario.

**Identifique y jerarquice
sus necesidades y aspiraciones**

Sugerencia: no responda lo que cree que debería responder ni lo que considere accesible para usted hoy. En este punto, no se trata de evaluar sus posibilidades de conseguir tal o cual trabajo sino de identificar sus necesidades y aspiraciones.

Tomando como referencia lo explicado a propósito de la Figura 16, enumere los conceptos que componen sus necesidades básicas a corto plazo, por ejemplo, alquiler de la vivienda.

_____

_____

Ahora especifique los conceptos que conforman sus necesidades de seguridad a mediano y largo plazos, por ejemplo, continuidad del contrato laboral.

_____

_____

Identifique al menos dos actividades que para usted sean sinónimos de disfrute (asistencia a eventos deportivos, estudios, voluntariados, etc.)

_____

_____

¿Qué espera de sus compañeros de trabajo? ¿Con qué clase de jefes se siente más a gusto?

_____

_____

¿Qué conocimientos o habilidades considera que debería adquirir para desarrollarse desde el punto de vista laboral?

_____

_____

Evoque el trabajo que más lo haya satisfecho hasta ahora. ¿Qué aspecto cree que le provocaba mayor entusiasmo, emoción, felicidad?

_____

_____

CAPÍTULO 4

CUANTIFICAR LOS BENEFICIOS

¿Cuánto valen el servicio de comedor en la planta o las clases de inglés in company? ¿Y la flexibilidad de horarios en tiempos de exámenes? ¿Cuánto más deberían ofrecerme en este nuevo empleo para que yo renuncie a trabajar en este sensacional proyecto de investigación y desarrollo?
El valor de algunos beneficios puede cotizarse en dinero sin mayor inconveniente, mientras que el de otros elude este procedimiento. No obstante, la cuantificación constituye una excelente aliada a la hora de evaluar de un modo más objetivo una propuesta laboral o de establecer qué se juega –y qué podría obtenerse o cederse– en una negociación salarial.
Este capítulo proveerá al lector de todas las herramientas necesarias para hacerlo.

El ser humano procura buscar soluciones sencillas a grandes problemas. "Categorizar", "agrupar", "clasificar" son algunas de las operaciones que nos facilitan ordenar nuestro pensamiento acerca de la realidad, extraer conclusiones, decidir y actuar en consecuencia. En el territorio que nos ocupa, la palabra mágica es "cuantificar". Hacerlo reviste una gran importancia, en especial, cuando hablamos de compensación total; es decir, de todo aquello que un empleador pone a disposición del empleado en concepto de retribución por su trabajo.[1] ¿A qué nos referimos con la cuantificación? A traducir en dinero, en una cifra, cada uno de los conceptos que integran la compensación total,

---

1. Cfr. Capítulo 3, "La compensación total".

sumando al salario habitual y al salario variable el valor de los beneficios y cualquier otra forma de retribución.

Posibilidades y límites de la cuantificación

Imaginemos el siguiente caso. Blanca, una oficial *Senior* de cuentas con un excelente historial laboral, es desvinculada de la institución bancaria donde se desempeñó durante los últimos 18 años como resultado de un proceso de fusión. Restándole unos pocos años para su retiro y después de un proceso de búsqueda nada sencillo, le ofrecen incorporarse a una organización con el siguiente paquete de retribución:

- Salario fijo: $ 200.000 anuales.[2]
- Salario variable: $ 25.000 anuales.
- Otros adicionales: $ 9.000 anuales.

Hasta aquí, Blanca no encuentra gran dificultad: estos conceptos sumados arrojan una cantidad concreta. Pero cuando trata de estimar también en dinero contante y sonante los beneficios que le ofrecieron como parte de su compensación total (mejora en el plan de salud, vacaciones extras, reintegro de gastos de almuerzo, cursos de capacitación) la tarea comienza a complicarse. ¿Cómo cotizarlos? ¿Cómo cuantificarlos de manera más o menos precisa y objetiva?

Antes de darles un valor, es preciso agrupar los elementos de la compensación total en tres categorías de acuerdo con el grado que estimemos sea posible adjudicarles un valor dinerario: beneficios de cuantificación fácil y de res-

---

2. El signo $, en este caso, debe interpretarse como símbolo de la moneda que el lector prefiera.

puesta cierta, beneficios de cuantificación compleja pero posible y beneficios de cuantificación muy difícil o imposible.

Entre los primeros, por ejemplo, se cuentan los días adicionales de vacaciones que una compañía pueda dar a su personal, la adjudicación de un vehículo que incluye o no sus gastos, el uso de un comedor propio de uso gratuito o a precio diferencial, el reintegro de gastos médicos, y otros similares. Entre los de cuantificación compleja pero posible, podemos incluir un plan privado de retiro adicional al exigido por la legislación vigente, el otorgamiento de préstamos personales, el acceso a capacitación laboral, etcétera. Por fin, los beneficios de cuantificación muy difícil o imposible contemplan una gran cantidad de prácticas y servicios que muchas organizaciones brindan a su personal pero que, por su naturaleza, eluden establecer su valor en dinero.

A continuación, presento el IRT®, siglas de "Informe de Retribución Total", una herramienta desarrollada por nuestra consultora para el cálculo de la compensación total. Allí hemos volcado la propuesta recibida por Blanca. Para convertir los valores netos en brutos y, de ese modo, mantener coherencia en el cálculo, hemos aplicado a todos los beneficios cuantificados un *grossing up*[3] del 17%. Ese porcentaje corresponde a una carga al trabajo estimada que pueda prever la legislación de cada país, pero sin incluir impuestos a las ganancias o similares.

Ingrese en mi página web: www.hidalgoyasociados.com.ar, a través del siguiente enlace: http://www.hidalgoyasociados. com.ar/descargas/irt.xls y pruebe en línea la versión interactiva del IRT®.

---

3. *Grossing up* es un procedimiento por el cual nos aseguramos de estar adicionando y comparando y agrupando valores análogos (por ejemplo, que todos sean netos).

iRT INFORME DE RETRIBUCIÓN TOTAL
de Bernardo Hidalgo

Matriz de análisis personalizado

Datos personales

Apellido y nombre: Blanca   **N° de legajo:**
Posición: **Banda salarial:**
E-mail: **Área:**
Teléfono: **Dirección:**
Fecha de ingreso:
Composición grupo familiar:

Salario

	Mensual	Anual
Salario básico	$ 16.667	$ 200.000

Es el sueldo base bruto y mensual

Incluye la totalidad de los pagos fijos que no están sujetos a un cumplimiento de metas.

Incluye el concepto "A cuenta de futuros aumentos"

S.A.C.		$ 16.667

El valor es bruto

Sueldo14 (en caso de corresponder)		$.–
Subtotal 1	$ 16.667	$ 216.667

Pago variable

CORTO PLAZO

	Mensual	Anual
Bonus		$ 25.000

El bonus anual informado será el correspondiente al último ejercicio

Comisiones	$.–	$.–

El valor real cobrado

Incentivos	$.–	$.–
Premios	$.–	$ 9.000
LARGO PLAZO		
Bonus largo plazo		$.–
Acciones		$.–
Subtotal 2	$.–	$ 34.000

Beneficios cuantificados

	Mensual	Anual
Almuerzo	$ 2.386	$ 28.627
Comedor o asistencia almuerzo (valor promedio estimado de un menú ejecutivo $ 90)		
Automóvil	$.–	$.–
Auto compañía / Auto propio / Leasing		
Valor de la unidad		
Gastos cubiertos (cochera, combustibles, peajes, etc.)		
Plan médico	$ 4.596	$ 55.154
Se considera un plan preferencial para un matrimonio (mayor de 36 años)		
con dos hijos. Se ha descontado el 7,2% del sueldo básico.		
Educación		
Para el empleado:		
Relacionados con la función:		
Becas para el estudio de un MBA o un posgrado		
(se considera un valor anual de $ 60.000)	$ 6.024	$ 72.289
Programa de inglés (se considera un valor promedio		
de $ 750 mensual por alumno)	$ 904	$ 10.843
Valor total mensual del estudio costeado por la compañía		
Para los hijos del empleado:		
Plan estudiantil:		
Primaria / Secundaria / Universidad	$.–	$.–
Kit escolar		$.–
Guardería	$.–	$.–
Valor mensual abonado por la compañía por el total de hijos		
Seguro de vida	$ 335	$ 4.019
Valor mensual aportado por la compañía correspondiente a		
un seguro de vida para una persona de 47 años de edad		
(prima $ 400.000, duplicable en caso de muerte accidental)		
Gimnasio	$.–	$.–
Teléfono celular	$.–	$.–
Transporte	$.–	$.–
Reintegro contra comprobantes		
Préstamos	$.–	$.–
Personales / emergencia		
Prendarios / hipotecarios		
Licencias extraordinarias		$ 778
Se considera el plus vacacional de una semana adicional de vacaciones.		
Subtotal 3	$ 14.244	$ 171.710

Beneficios no cuantificados		
Detalle de los beneficios que otorga la compañía que, si bien hacen un diferencial en la compensación total del empleado, no se les da un valor monetario		
Chequeo médico		Sí
Actividades de recreación e integración para empleados y para la familia		No
Actividades físicas		Sí
Canasta de frutas		Sí
Descuento productos de la empresa		No
Horario de verano		Sí
Programas de bienestar		Sí
Horario flexible		Sí
Sala de descanso		No
Teletrabajo		Sí
Otros...		

	Mensual	Anual
Compensación total	$ 30.911	$ 422.377

Como puede observarse, una vez cuantificados los beneficios, la propuesta recibida por Blanca se incrementa en más de un cien por ciento... ¡Extraordinaria diferencia!

Consideraciones sobre la cuantificación de beneficios

Antes de comenzar a tratar el procedimiento de la cuantificación, conviene explicitar algunos lineamientos generales que deben enmarcar el tratamiento del tema a fin de obtener resultados más confiables.

Relación entre beneficio y salario. Como señalamos en el Capítulo 3, un beneficio es siempre un complemento del salario fijo o variable. Nunca lo sustituye.

Diferencias entre beneficio y adicionales ligados a la índole del trabajo. Tampoco debe confundirse el beneficio con prestaciones imprescindibles para el desempeño del rol. Por ejemplo, en ciertos mercados, las compañías reconocen a sus vendedores los gastos de movilidad generados por las visitas permanentes a los clientes; en algunos casos, incluso, se otorgan vehículos con todos sus gastos pagos. Algo análogo debe interpretarse respecto de los elementos de seguridad (calzado, ropa y demás) exigidos por la legislación vigente o simplemente necesarios para preservar la higiene y seguridad del trabajador. "Pero si facilitan su tarea al empleado", se preguntará el lector, "¿por qué no considerarlos beneficios?". Porque son prestaciones que el ejercicio del rol demanda. No se trata de una contribución real a la economía personal de quien lo desempeña.

Habitualidad del beneficio. Las compensaciones excepcionales no conviene cuantificarlas. Si bien en ocasiones podemos recibir un regalo especial o una "gratificación por única vez", considerar estas iniciativas remunerativas esporádicas e imprevisibles solo introducirá distorsiones en la evaluación de la compensación. Para que sean relevantes a la hora de estimar nuestros ingresos, los beneficios deben presentar cierta regularidad. Debemos saber que se trata de algo que recibiremos de manera habitual durante un período determinado, por ejemplo, un año.

¿Puede ocurrir que, después de hacer la suma de sueldos y beneficios de un año, nos informen que la compañía ha decidido quitar tal o cual prestación para el siguiente ejercicio? Las leyes laborales exhiben una tendencia clara a considerar que los beneficios no pueden retirarse discrecionalmente. Sin embargo, no es menos cierto que esas cosas ocurren hasta en los mercados más desarrollados.

Grossing up de beneficios. A fin de evitar distorsiones, debemos asegurarnos de que todas las sumas percibidas que estemos considerando sean netas. Para esto, deben descontarse de los importes remunerativos brutos todos los impuestos y retenciones que marque la ley, por ejemplo, aportes previsionales, seguros de salud, etcétera.

Aunque este procedimiento puede ofrecer cierta dificultad, es preciso hacerlo siempre, ya sea transformando el salario bruto en valores netos para después sumarle el importe del beneficio cuantificado o, al revés, convirtiendo los valores netos de cada beneficio en resultados brutos a fin de poder adicionarles el salario de manera directa. Esta última opción es la que hemos aplicado en el caso de Blanca al completar su formulario IRT. No obstante, ¿qué procedimiento convendría que elija usted? El que prefiera. Solo debe estar prevenido de que el monto al que llegará no será exactísimo pero siempre convenientemente aproximado.

Valoración de los beneficios. Para cotizarlos, debe tomarse el costo que tendría para el trabajador acceder por sus medios a esos beneficios, no el precio al que lo paga efectivamente su empleador. De este modo, el asalariado podrá estimar el valor que debería pagar (o que ahorra) gracias a la percepción del beneficio. Veamos un ejemplo.

Cosméticos Avon tiene en la Argentina dos centros importantes en la provincia de Buenos Aires, cada uno con una gran concentración de personal. Por diversas circunstancias, la compañía decidió dotar a estos centros con comedores. En ambos casos, el servicio de comidas y la gestión del comedor están tercerizados en empresas proveedoras externas. Si bien, dada la escala, el costo para la empresa de cada comida es aproximadamente un 50% menor, desde el punto de vista del trabajador este beneficio debe cuantificarse tomando el valor que él debería afrontar por tomar ese mismo almuerzo en una cafetería o restaurant de la zona.

Casos como el descripto hay muchos, no solo en servicios de comida sino también en seguros (para el auto, de vida, del hogar), acceso a coberturas médicas, etcétera. En todos los casos, el valor tomado para cuantificar debe ser siempre el que abonaría el trabajador contratando individualmente esos servicios y no el que consigue la organización por una compra de gran escala.

Cuantificación uniforme de los beneficios. Esto significa que si queremos comparar compensaciones totales de diferentes personas dentro de una misma compañía o si queremos hacer este ejercicio para nuestra retribución y luego compararla con la de algún amigo, los criterios que empleemos para cuantificar los beneficios deben ser los mismos.

Beneficios de fácil cuantificación

Días adicionales de vacaciones (licencia anual ordinaria). Cuando se nos ofrecen semanas adicionales pagas, el valor es el producto de:

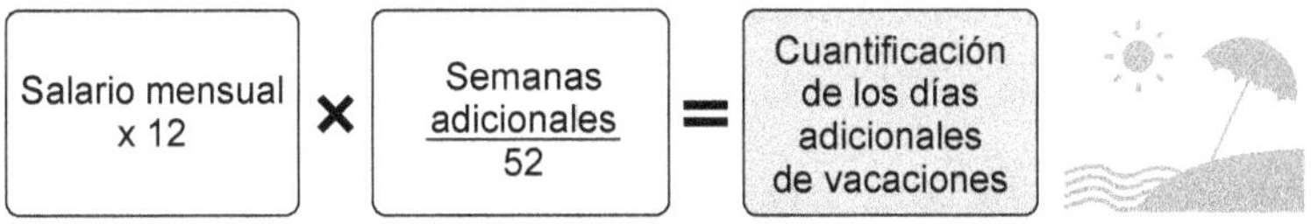

Figura 21. Cuantificación de días adicionales de vacaciones.

Así, una semana adicional de vacaciones puede cotizarse multiplicando el salario anual (es decir, la suma de los 12 salarios mensuales) por 0,0192 (esto es 1 dividido 52). Para alguien que gane $ 1.000 por mes, una semana adicional de vacaciones representará $ 230,40: (1.000 x 12) x (1/52). El beneficio final, expresado como porcentaje, equivale al 1,9% de la remuneración anual por cada semana adicional otorgada.

Conviene señalar que, en algunos países, la legislación dispone el pago de un plus por las vacaciones. En la Argentina, por ejemplo, ese plus asciende al 20% del sueldo mensual (equivalente a un beneficio del 2,2% de la remuneración anual por cada semana de vacaciones). En este caso, la fórmula aplicable es:

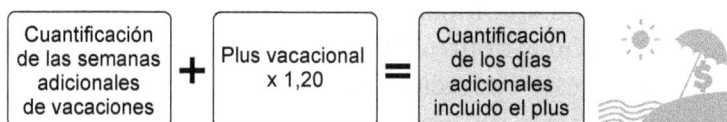

Figura 22. Cuantificación de días adicionales de vacaciones más el plus.

Comedor en planta o servicio de comida similar. Previo *grossing up*, deben promediarse los precios cobrados por los restaurantes de la zona que ofrecen un producto análogo y multiplicar ese promedio por 20 o 22 (esto es, la cantidad de días efectivamente laborables del mes). El valor obtenido corresponde al 100% del beneficio; sin embargo, conviene tener en cuenta que algunas empresas reconocen solo una parte, por ejemplo, el 80%.

Vales o *tickets* de almuerzo. Este caso es más sencillo. Debe sumarse el valor diario o mensual de los vales o *tickets*, hacer el *grossing up* y adicionarlo al sueldo.

Préstamos. Como señalábamos en el Capítulo 3 en relación con la compensación total, existen tres clases de préstamos: de emergencia, personales y destinados a la compra o refacción de viviendas. Su cuantificación debe realizarse calculando la diferencia entre la tasa de interés vigente en el mercado y la utlizada por la empresa, y aplicarla al capital (monto) del préstamo. Esta cifra se divide por la cantidad de meses en que se pagará el préstamo y, una vez realizado el *grossing up*, se le suma al salario básico. Los gastos administrativos, por lo general, no se tienen en cuenta; pero podrían reconocerse si constituyeran un valor significativo.

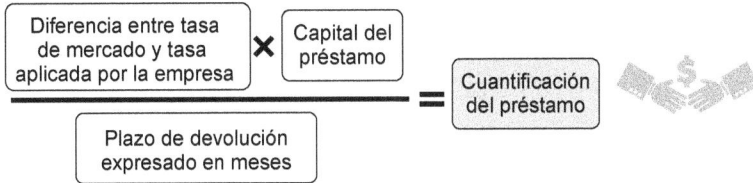

Figura 23. Cuantificación de préstamos de la empresa.

Plan médico no obligatorio por ley. En la mayoría de los mercados laborales y dependiendo de la legislación de cada país, el empleado está obligado a pagar un seguro médico, medicina privada u obra social sindical. Esto, definitivamente, no es un beneficio, pero –en caso de existir– puede cuantificarse como beneficio la diferencia abonada por el empleador para mejorar las prestaciones médicas o incorporar servicios no incluidos en el plan obligatorio.

Plan odontológico. En algunos países, esta cobertura de salud se abona de forma separada al plan médico. Su cuantificación debe realizarse de manera análoga al anterior.

Reintegro de gastos en medicamentos o servicios de salud no previstos por el plan médico obligatorio. Para cuantificarlo, basta con sumar el valor del reintegro al sueldo. En este caso, conviene considerar la periodicidad del uso de este beneficio.

Provisión gratuita o a precio preferencial de productos de la compañía. Para cuantificarse debe tomarse el precio de mercado del producto, nunca el costo de producción o adquisición para la compañía empleadora. La fórmula es bien sencilla, aunque antes que nada debemos pensar si vale la pena determinar su valor o no.

En las compañías aéreas, es frecuente proveer de una cierta cantidad anual de pasajes aéreos gratuitos al personal y sus familias. Además de que en estos casos la cuantificación da como resultado una cifra muy significativa, el beneficio puede convertirse en una barrera importante de salida, es decir, en un dispositivo de retención muy eficaz. A propósito, recuerdo siempre el relato en primera persona de uno de mis alumnos de la Maestría en Recursos Humanos, quien antes de dejar de trabajar para una empresa de aeronavegación debió enfrentar la oposición de su esposa e hijos y persuadirlos de lo acertado de su decisión. ¿Por qué? ¡Ninguno quería quedarse sin los viajes!

Descuentos en hospedajes y/o servicios vacacionales. Algunas empresas toman hospedajes (apartamentos, hoteles o similares) en lugares de vacaciones y los ofrecen con descuentos a su personal. El valor del beneficio, por supuesto, será la diferencia entre los valores de mercado y el aplicado por la compañía. Cabe anotar que algunos rechazan este beneficio aduciendo que no desean compartir su descanso anual con las mismas personas con las que trabajan durante todo el año... ¡o con su jefe!

Asignación de automóvil y/o cobertura de sus gastos. La cuantificación de este beneficio presenta cierta complejidad ya que, para hacerla, se requiere recurrir a alguna ayuda profesional porque el cálculo no es sencillo.

Respecto de este beneficio, el *grossing up* resulta clave porque las diferencias entre los valores brutos y netos son significativas. El automóvil como beneficio puede cuantificarse considerando cuatro elementos: valor del bien, gastos de uso y mantenimiento, opción de compra y chofer. Paso a analizarlos en forma separada.

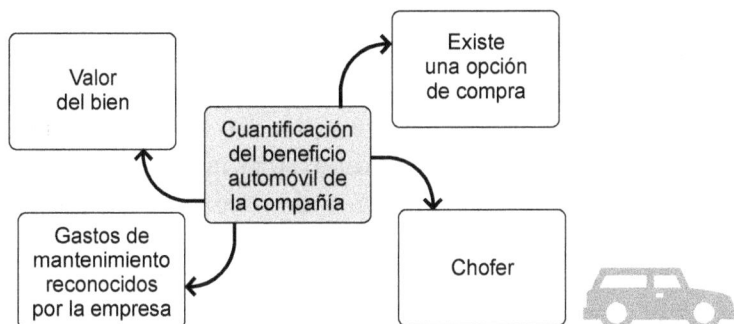

Figura 24. Variables que inciden en la cuantificación del beneficio automóvil.

Valor del bien. En primer lugar, debe conocerse cuáles son los modelos de automóvil que la compañía ofrece al personal. El beneficio, en principio, se cuantifica como el valor promedio de la gama correspondiente al auto ofrecido dividido el plazo fijado para la renovación de la unidad.

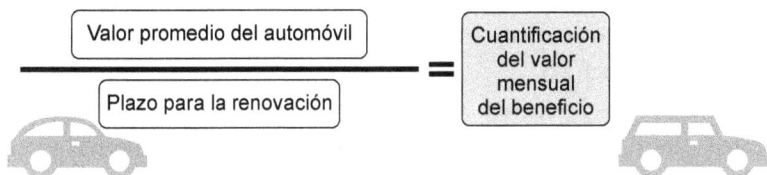

Figura 25. Cuantificación del valor del beneficio.

Por ejemplo, para un plazo de cuatro años, un automóvil de $ 62.370 divididos por 48 meses arroja un beneficio de $ 1.299 por mes. Como advertí, en principio, este sería el beneficio mensual para el empleado, pero la fórmula no contempla un factor muy importante: la depreciación del rodado.

Después del primer año, el automóvil pierde un 20% de su valor original, por lo que de su monto original promedio de $ 62.370 pasa a $ 49.896. Los siguientes cuatro años se depreciará a razón de un 10% anual.[4] Si continuamos aplicando estos porcentajes, el importe estimado del beneficio por automóvil será de $ 36.374 al finalizar el cuarto año. Desde el punto de vista del empleado, el importe de este beneficio se calcula como la diferencia entre el precio promedio del automóvil al momento de recibirlo y el que tenga (ya depreciado) al momento de devolverlo. Esta cifra, dividida por la cantidad de meses en que se usufructuó el beneficio, nos da el importe mensual del beneficio con la depreciación incluida. Así, si ha usado 48 meses el automóvil, el empleado habrá gozado de un beneficio mensual de $ 542 mensuales, resultantes de dividir $ 25.996 por 48 meses.[5]

Gastos de uso y mantenimiento reconocidos por la empresa. Sus importes guardan relación con los anteriores: el valor del automóvil y la depreciación. Para un vehículo de unos $ 62.000, los gastos mensuales oscilan en torno a los $ 1.600. Conviene desagregar los ítems que componen los gastos de movilidad a fin de que el lector pueda investigar los valores correspondientes a su mercado. Para ello presento la Figura 26.

Es muy importante que el lector perciba que el monto de los gastos es más significativo que el del automóvil en sí. Por esta razón, para un empleado, es siempre más conveniente que se le reintegren los gastos de uso de su vehículo que el otorgamiento de un automóvil cuya manutención deba solventar él.

La cuantificación del beneficio correspondiente al reintegro de los gastos de uso y mantenimiento debe sumarse

---

4. Estos porcentajes no son caprichosos sino que se obtienen de revistas especializadas.
5. Esta modalidad de cuantificación deja de lado los componentes financieros de cada mercado, ya que de pretender hacer un cálculo para cada país la exposición se volvería innecesariamente engorrosa y obsolescente.

al beneficio cuantificado del valor del automóvil explicado antes, lo que en la Figura 24 es "Valor del bien".

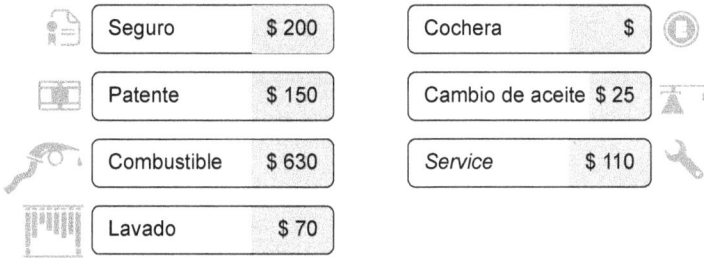

Seguro	$ 200		Cochera	$
Patente	$ 150		Cambio de aceite	$ 25
Combustible	$ 630		Service	$ 110
Lavado	$ 70			

Figura 26. Algunos conceptos por uso y mantenimiento (valores indicativos, variables según el país).

Opción de compra del automóvil ofrecida al empleado. Algunas compañías, además de entregar un automóvil para uso del empleado, le brindan a este la opción de comprar el vehículo después de cierto tiempo a un precio menor que el del mercado. ¿Por qué proceden así? Por una parte, para no verse obligadas a vender gran cantidad de autos cuando haya que reponerlos. Por otra, para incentivar el cuidado de las unidades asignadas a los empleados ya que, después de un tiempo, es probable que ellos se transformen en sus dueños.

La cuantificación de la opción de compra, en este caso, surge también de la diferencia entre el valor real del vehículo en el mercado y el precio al que el empleado comprará el automóvil a la empresa, divida por el tiempo en que se gozará del rodado.

Imaginemos, por ejemplo, que se nos ofrece hoy un automóvil con opción de compra a un año por $ 8.000, cuando el valor proyectado de mercado para ese vehículo será de $ 10.000. La diferencia de $ 2.000 dividida por doce meses (unos $ 165) será el beneficio mensual cuantificado de la opción. Recuérdese que esos $ 165 se sumarán también al beneficio mensual cuantificado correspondiente al valor del automóvil que en la Figura 24 aparece como "Valor del bien".

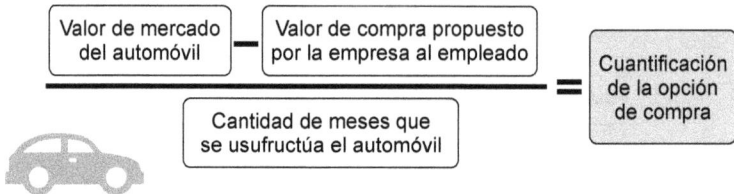

Figura 27. Cuantificación de la opción de compra.

Chofer. La asignación de un chofer constituye una práctica de ciertos mercados y para ciertas posiciones que puede incrementar sensiblemente el importe de los beneficios asociados al otorgamiento de un automóvil. El valor debe calcularse como la suma del salario del chofer más los impuestos al trabajo correspondientes a ese rol.

Una palabra más sobre el automóvil como beneficio. El automóvil tiene una carga simbólica muy importante, pues connota estatus, prestigio, dinero. Por esta razón, las organizaciones se ocupan de cuantificarlo adecuadamente y de comunicarlo a su beneficiario aún mejor. ¿Una curiosidad? En mi experiencia, he comprobado que los destinatarios de este beneficio son quienes más reclaman y se quejan por el automóvil asignado... ¡aunque usted no lo crea!

Beneficios de cuantificación compleja pero posible

Plan de retiro. Como señalé en el Capítulo 3, el plan de retiro es un seguro que permite al empleado acceder a una pensión adicional a su jubilación a partir del momento de su retiro de la vida laboral. Para cuantificar este beneficio, suele aplicarse uno de dos métodos: el de la contribución definida o el del beneficio definido.

En el método de la contribución definida se establece el importe que realizarán mensualmente a ese seguro el empleado y el empleador; por ejemplo, un 5% del salario bruto del beneficiario cada uno. La suma que se acumule formará parte de un pozo que se usará al final de cierto tiempo (por lo general, el período termina con la jubilación del trabajador, pero puede pautarse con una fecha anterior al retiro de la vida laboral). Aplicando este método, la cuantificación del beneficio equivale a lo aportado por la empresa (en nuestro ejemplo, un 5% sobre el salario bruto mensual). Por supuesto, no se considera el 5% a cargo del empleado porque ese importe no es –obviamente– un beneficio percibido sino un aporte o ahorro voluntario u obligatorio.

En cambio, con el método del beneficio definido, la compañía fija un monto al que accederá el empleado cuando se jubile o retire. Así, teniendo en cuenta variables tales como edad, salario, etcétera, el empleador calcula cuál debe ser el aporte hoy para conformar esa cifra en el futuro. Por lo general, dada la complejidad que supone la aplicación de este método, requiere la asistencia de un actuario u otro especialista similar.

Seguro de vida. Algunas compañías pagan para ciertos empleados un seguro de vida adicional al exigido por la legislación laboral vigente. En este caso, la cuantificación es sencilla: equivale al monto que el trabajador debería pagar para contratar por su cuenta ese seguro. Por lo general, el precio a pagar por un seguro de vida no es significativo respecto del salario básico percibido.

Educación y capacitación de empleados y de sus familiares directos. Aquí volvemos a un tema controvertido. La capacitación del personal no siempre es vista por el empleado como un beneficio. Por eso no me detendré demasiado en su cuantificación. En cambio, la provisión de útiles escolares, becas y demás para el personal y/o sus hijos pueden determinarse y sumarse sin dificultad al salario básico; desde luego, previo *grossing up* y mensualización del beneficio.

Snacks, canastas de comida, infusiones y similares. Se trata de beneficios que muchas compañías han incorporado y continúan desarrollando a fin de mejorar la calidad del entorno laboral de su personal. Aunque se pueden cuantificar, no tiene mucho sentido hacerlo debido al impacto poco significativo en la compensación.

Otros servicios. El acceso a un gimnasio (dentro o fuera de la empresa), la asistencia de entrenadores deportivos (*personal trainners*), la guardería infantil o casa cuna, la colonia de vacaciones para hijos de los empleados, los clubes, los traslados del personal a la empresa en buses especialmente contratados, los planes de vacunación para los trabajadores y sus familias son también beneficios cuantificables tomando como valor su cotización en el mercado.

Descuentos en comercios, espectáculos y demás. Lo significativo de su cuantificación depende del aprovechamiento que haga cada empleado de estos beneficios.

Beneficios de cuantificación muy difícil o imposible

Los viajes; las actividades culturales y/o deportivas; la revista de la compañía (*house organ*); el plan de carrera, proyecto y desarrollo; el tiempo liberado y el horario flexible; el teletrabajo; la oficina en casa (*home office*); el espacio asignado para desarrollar nuestro trabajo; la ubicación geográfica de la empresa; los espacios de descanso, lactario, de masajes y recreación; los chequeos médicos periódicos; los servicios y productos bancarios; el asesoramiento legal en temas laborales, previsionales, contractuales y demás; las competencias deportivas; las clases de yoga *in company*; las capacitaciones (en temas de seguridad e higiene); la participación en eventos de comunicación (desayunos y almuerzos de trabajo), en fiestas y celebraciones especiales (cumpleaños, Navidad y Año Nuevo, *happy hour*), y muchas otras prácticas resultan imposibles de cuantificar.

Pero si nos empeñáramos, ¿podríamos valorarlos? Claro que sí: quienes usufructúen esta clase de beneficios seguramente los estimen en alto grado. Habrá notado el lector que estamos volviendo sobre el tema del valor de la compensación percibido por el trabajador. En realidad, ¡nunca se ha ido! Sin embargo, el propósito de la cuantificación no es determinar un fenómeno subjetivo. "Cuantificar" no es establecer cuánto aprecian tal o cual beneficio Juan, Laura o Iñaki desde sus puntos de vista personales. La base y el propósito de la cuantificación es valorar de un modo objetivo (concretamente, en dinero) los beneficios. Solo de este modo el mercado laboral (es decir, empleadores y empleados) puede dialogar, negociar y comparar la compensación total.

Visibilidad de los beneficios

Los beneficios reseñados son aquellos que las compañías otorgan a su personal de manera voluntaria. Si bien existen otros, no los consideramos porque surgen de obligaciones legales vigentes (incluidos los convenios colectivos de trabajo), con independencia de cualquier negociación particular entre un individuo y su actual o potencial empleador.

¿Qué buscan estos beneficios voluntarios? Atraer, motivar y retener a los empleados que la organización necesita, en especial, a los que han sido identificados como talentos. La experiencia demuestra que no siempre las organizaciones son efectivas a la hora de comunicar los beneficios que ofrecen. Y dado que lo que no se comunica se desconoce, por tanto, tampoco se valora ni aprovecha. Aunque parezca sorprendente, he conocido compañías que disponen de un centro de masajes y yoga (o sea, que han invertido recursos en montarlos), pero cuya existencia el personal desconoce. ¿Resultado? Aplicación de dinero a un gasto que no reporta beneficio alguno.

Algunos beneficios poseen un gran poder de atracción. Otros, un fuerte efecto de retención. Ciertas organizaciones trabajan en el desarrollo de la "marca empleador" (en inglés, *employer branding*). Con este fin, publican las ventajas y bondades de la compensación que ofrecen para llamar la atención de los talentos y que estos incorporen sus *curriculum vitae* a las bases de datos de la organización. En la marca empleador, los beneficios (por ejemplo, cobertura médica y odontológica, gastos de movilidad, vacaciones y licencias adicionales) juegan un papel importante por conformar un paquete retributivo que considera no solo el salario básico sino además otros elementos que buscan seducir a postulantes y candidatos externos. Por supuesto, la visibilidad de la oferta debe ser alta para que quien esté fuera de la organización pueda conocerla y apreciarla.

Algunos beneficios son difíciles de comunicar al mercado de aspirantes antes de su ingreso efectivo. Entre estos se cuentan, por ejemplo, un clima positivo de trabajo, la búsqueda constante de mejoras relacionadas con la calidad de vida y, muy importante, el buen liderazgo de las tareas. Sin embargo, estos beneficios –cuantificables o no– desempeñan con frecuencia un papel clave, pues pueden convertirse en un fuerte argumento de retención; es decir, pueden constituir una importante barrera de salida.

Sugerencia al lector

Lo invito a realizar un ejercicio análogo al del caso Blanca, no solo para conocer y reconocer su situación actual sino, además, para identificar mejoras o deterioros frente a un eventual cambio laboral.

Para ello, ingrese a mi página web: www.hidalgoyasociados.com.ar, a través del siguiente enlace: http://www.hidalgoyasociados.com.ar/descargas/irt.xls y pruebe en línea la versión interactiva del IRT®.

CAPÍTULO 5

LA REMUNERACIÓN DEL TRABAJADOR
INDEPENDIENTE

Por definición, ya no se trata de un salario. Pero sí de una compensación por el servicio prestado. ¿Qué conceptos y qué valores tomar como referencia para estimar esa remuneración? El presente capítulo ofrece los parámetros necesarios para un cálculo adecuado y competitivo de la compensación del trabajador independiente.

Este capítulo está dirigido al trabajador independiente, o sea, a quien ejerce por su cuenta y riesgo una profesión, un oficio o desempeña cualquier otra clase de actividad por la que percibe un pago a cambio. La intención es llevar algo de claridad acerca de los procesos de negociación y de fijación de la retribución esperada.

¿Por qué abordar específicamente este tema? Tal como ya señalé varias veces en este libro, la remuneración que se pacta con un empleado o un futuro empleado está condicionada fuertemente por las políticas y las prácticas en materia de remuneraciones que la organización tenga. No importa si están escritas o no. En ocasiones, incluso, todo el proceso de negociación está pautado y acotado por guías, reglamentos y demás limitantes establecidos por la organización y/o el entorno legal, social, político y competitivo. En conjunto, todos estos factores constituyen las coordenadas en que debe inscribirse el contrato laboral. En el caso de los trabajadores independientes, en cambio, el marco de negociación puede ser más amplio o flexible de acuerdo con diversas circunstancias que, en el desarrollo del presente capítulo, iremos viendo.

¿Qué entiendo por "trabajador independiente"? Aquel que, no siendo parte del personal en relación de dependencia de una organización, ofrece sus servicios a una clientela compuesta por particulares y/u organizaciones de cualquier tipo. Así, a diferencia del que se establece entre un trabajador en relación de dependencia y un empleador, este vínculo se desarrolla entre un prestador de servicios independiente y un cliente. Una de las características más importantes de esta fuerza laboral es que sus ingresos no provienen de una sola fuente sino de varias, condición que influye de modo particular a la hora de definir, proponer o negociar su retribución por los servicios prestados.

Los trabajadores independientes conforman un universo muy heterogéneo en cuanto a su composición: profesionales universitarios (entre otros, médicos que trabajan para diversos centros de salud, abogados que asesoran o patrocinan a personas físicas o jurídicas, contadores públicos que llevan los registros de diversas clases de contribuyentes, consultores en diversas disciplinas), técnicos (por ejemplo, especialistas en gestión ambiental, en seguridad e higiene laboral, analistas de sistemas, maestros mayores de obra), practicantes de diversas artes y oficios (electricistas, jardineros, albañiles, modistas), y microemprendedores, como los paseadores de perros o la peluquera que, aunque se desempeñe en un salón de belleza, trabaja en realidad de modo independiente, proveyéndose de sus propias herramientas de trabajo (¡sus carísimas tijeras!) y facturando sus servicios a los dueños del salón.

Dos frentes principales

Matías estudia paisajismo y trabaja como empleado en el vivero de Abigail, una profesional con buena inserción en el mercado. Andrés, uno de sus clientes, le preguntó a Abigail si el vivero ofrecía el servicio de mantenimiento de jardines. Después de explicarle que no tomaban esa clase de trabajos, decidió ponerlo en contacto con Matías. "Yo sé que no es exactamente lo que estás estudiando", le aclaró su jefa. "Pero me parece que puede ser una buena manera de empezar." Superada la alegría de la recomendación y ya con todos los nervios del primer cliente propio, Matías se hizo una pregunta lógica: ¿cuánto debía cobrarle a Andrés?

Al momento de fijar la retribución, los trabajadores independientes no suelen aplicar un criterio común o una escala de valores predeterminada, ya sea porque no existen, ya sea porque las condiciones de la negociación (el lugar, el momento, el cliente y la situación del trabajador) son particulares y/o (tal vez lo más importante) porque cada individuo se comporta de una manera diferente a la hora de pensar, informar y negociar el precio de su trabajo. En este punto, conviene detenernos un momento y analizar algo que tiene que ver con nuestra condición de seres humanos.

¿Qué influye sobre nuestras decisiones como trabajadores independientes? ¿Qué tomamos en consideración para adoptarlas? Para un primer enfoque, podríamos comenzar por distinguir entre factores internos y factores externos a nosotros mismos. Entre los primeros, sin duda, se cuentan

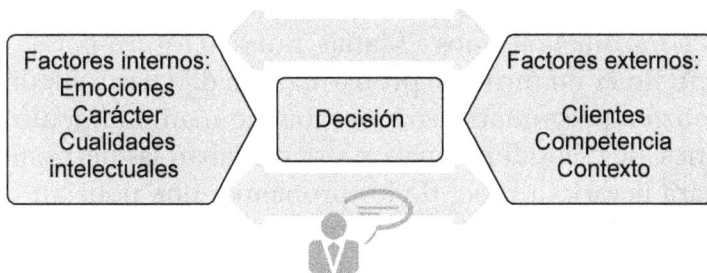

Figura 28. Factores influyentes en la decisión del trabajador independiente.

emociones y sentimientos, rasgos de carácter, y capacidad intelectual de pensar y evaluar alternativas, de trazar planes y tomar decisiones coherentes con ellos. Entre los externos, en cambio, aparecen el comportamiento de la competencia, el de los clientes y las condiciones (económicas, políticas, culturales y demás) del contexto.

Esta distinción, esquemática, nos permite comprender que, aunque se trate del "frío mundo de los negocios", el asunto no es tan frío porque no solo se trata de negocios. Por el contrario, toda decisión nos hace conscientes de estar reclamados –al menos– desde dos frentes: la cabeza y el corazón. Como resultado, el precio al que cotizamos nuestros servicios de trabajadores independientes varía de modo más o menos significativo según quién preste el servicio, quién lo contrate y la circunstancia en que todo esto ocurra.

Es sabido que la vocación suele funcionar como un impulso extraordinario. Lo vemos con muchísimos médicos que, al enfrentar condiciones tal vez muy adversas, emprenden día a día con entusiasmo la tarea de llevar salud y bienestar a los demás. También en los maestros que se involucran afectiva y éticamente con sus alumnos, más allá de su estricta obligación contractual. Y también se aprecia este empuje singular, propio de la vocación, en los jóvenes que se inician en la práctica de una profesión. Pero, ¿qué ocurre en todos estos casos cuando las decisiones referidas al precio del servicio son tomadas exclusivamente atendiendo al corazón? Volvamos a Matías, nuestro futuro paisajista.

"¡Al fin es mi turno de probarme!", se dijo. De inmediato comenzó a preguntarse cuánto sabía de mantenimiento de jardines, de cómo funcionaban y se cuidaban las herramientas para llevarlo a cabo, de los problemas que podrían presentársele. Más se preguntaba, más lo ganaba un profundo sentimiento de inseguridad. "¿Honestamente, quizás debería pagarle a Andrés por dejarme experimentar en su jardín." Aquí tenemos el corazón (es decir, los sentimientos de Matías) que poco a poco desplazan a la razón y ocupan el centro de la escena. La inseguridad respecto de la propia eficiencia y el verdadero alcance de sus conocimientos, el temor a no saber responder ante eventuales contratiempos, la timidez frente a la situación de tener que tratar cara a cara con el cliente temas no siempre simpáticos o fáciles como los honorarios… Nada más humano que todos esos sentimientos. Pero la "humanidad" de Matías no se agota en ellos. Matías es también su "cabeza". Es también su capacidad de pensar cuánto y qué ha estudiado, cómo fue evaluado por sus profesores, qué le ha dicho su jefa sobre su desempeño, ya sea de modo explícito como de forma implícita (por ejemplo, ¡recomendándolo con un cliente del vivero!). Y no solo eso. La "cabeza" de Matías le permite también considerar y analizar qué clase de cliente es Andrés, qué busca realmente con el servicio (¿sacarse un problema de encima, incrementar el valor de su propiedad con un jardín llamativo…?) y cuánto cobran otras personas que hacen mantenimiento de jardines en la zona (muchas de las cuales son clientes del vivero).

Para que un trabajo (no un *hobby* o pasatiempo) sea viable, debe estar de algún modo económicamente compensado; esto no necesita demostración. Pero para que además de viable un trabajo sea deseable, debe provocar en nosotros sentimientos positivos como, por ejemplo, orgullo, satisfacción, felicidad, plenitud, tranquilidad… Es imposible hacer la lista completa, pero cada uno conoce su corazón. Cuando logramos armonizar viabilidad (cabeza) y deseabilidad (corazón), el resultado es la sostenibilidad de nuestro trabajo en el mediano y largo plazo. Nada más y nada menos.

Desafíos del trabajo independiente

Parto de la convicción de que cada modalidad laboral (independiente o asalariado) tiene sus ventajas y desventajas.

Por eso, no es mi propósito compararlas para convencerlo, estimado lector, sobre cuál es mejor. Mi intención en este capítulo es simplemente identificar y tratar los temas más significativos que distinguen al trabajo independiente. ¿Pasamos revista?

La inestabilidad en la percepción de los ingresos. Esto pone en juego el estándar de vida del trabajador y su familia, así como la capacidad de formular planes y proyectos. Por supuesto, los asalariados tampoco tienen una certeza absoluta sobre su futuro en la organización que los emplea; sin embargo, es posible una mayor previsibilidad.

Además del desafío emocional que significa aprender a convivir con diversos grados de incertidumbre, esta circunstancia tiene un efecto concreto sobre el precio que fija a sus servicios de trabajador independiente. Darío, por ejemplo, es un joven que, junto con algunos de sus familiares, hace refacciones menores de albañilería y pintura a domicilio. La última vez que lo llamé para contratarlo, me benefició con una rebaja en el precio del servicio porque, dada la envergadura del trabajo, le aseguraba al equipo ocupación por cuatro meses. Así, lo que Darío reducía en metálico, lo ganaba en cierta estabilidad de ingresos.

Como muchos lectores saben, el carácter ocasional de numerosos servicios obliga al trabajador independiente a incluir en el precio la falta de certeza respecto de cuándo tendrá una nueva contratación. Porque quien trabaja por su cuenta asume el riesgo (de eso estamos hablando) de tener o no tener clientes, de tener o no tener demanda. Para plantearlo como una fórmula sencilla, digamos que a mayor continuidad en la contratación, mayor previsibilidad y tranquilidad económica para el trabajador. Previsibilidad y tranquilidad (reducción del riesgo) suelen transferirse al precio, a fin de que sea más atractivo para el cliente. Claro está que, si la cantidad de clientes crece, el riesgo merma. Y llegado a este punto, el trabajador queda instalado en un nuevo escenario: o bien continúa convirtiendo el menor riesgo en un precio más bajo, o bien convierte su éxito en el mercado en un alza del precio relacionada con la posibilidad que tiene ahora de ser más selectivo con los trabajos que toma, pues puede elegir quedarse solo con aquellos que paguen mejor sus servicios.

En oficios como los de Darío y también en profesiones liberales, la demanda se comporta con frecuencia de modo inestable y fluctuante. Por lo tanto, los precios se ven afectados de manera significativa… tanto como las posibilidades de estos trabajadores de proyectar su futuro.

La responsabilidad total por el proyecto laboral. Aunque suela decirse que el "ser capitán de su propio barco" constituye una atractiva ventaja, el trabajador independiente con frecuencia padece la responsabilidad de decidir en soledad hacia dónde dirigir "su nave".

En las organizaciones, los procesos de desarrollo personal y profesional muchas veces están pautados, incluso de acuerdo con un plan elaborado por especialistas en la materia. Estos planes incluyen, por lo general, la capacitación y el desarrollo del trabajador a fin de que mejore o adquiera habilidades y competencias clave.

Sin embargo, para quien trabaja de modo independiente, este es otro de los temas a resolver en soledad. "¿Qué cursos de perfeccionamiento o especialización me conviene hacer?", necesita preguntarse periódicamente cualquier abogado. "¿En qué nuevas técnicas o tecnologías me conviene capacitarme?", se pregunta Oscar, dueño de un taller de reparación de automóviles. No contar con asesoramiento profesional o –más modesto pero no por eso menos importante– con un interlocutor inteligente a la hora de tomar estas decisiones, puede traducirse en dificultades realmente serias.

La responsabilidad total por el dominio de las emociones. Así como en el ítem anterior quedó planteado el modo en que la organización empleadora podía funcionar como soporte y contención de la proyección del trabajador, suele operar de modo análogo en lo que se refiere a la gestión de las emociones.

Al respecto, siempre recuerdo el caso de Juan Manuel, un ingeniero que trabajaba en el área de Compras de una empresa química de renombre internacional. Él tenía a su cargo formalizar los contratos de compra negociados por los técnicos especializados. Con frecuencia, él sentía que era capaz de lograr mejores condiciones que muchos de los técnicos del área. Y ¡cómo lo enojaban algunos acuerdos! Sin embargo, debía reservar sus opiniones: el protocolo de la firma no consideraba necesario que él, desde su posición, realizara esa clase de evaluaciones. El disgusto de Juan Manuel, para bien o para mal, estaba acotado por las pautas de la organización.

El dominio de las emociones es una habilidad imprescindible para la supervivencia del profesional independiente, particularmente crítica en el terreno de la negociación. Cultivar ese dominio es un ejercicio, por lo general arduo, solitario para el trabajador autónomo... y francamente lucrativo.

¿Qué se pone en juego, entonces, cuando se trabaja de manera independiente? Quizás algo más que cuando se lo hace en una organización. Los trabajadores independientes lamentan a menudo la inestabilidad de sus ingresos y la obligación de afrontar cada mañana la incertidumbre de un nuevo día. En esos momentos, muchos añoran –cuando la gozaron– la tranquilidad de contar con un sueldo mensual casi asegurado. Y ¿cómo se lee esta situación desde la perspectiva del trabajador asalariado? Se cree que el mundo del trabajador independiente es mejor: es amo de sus tiempos y, en época de vacas gordas, la suba en los ingresos es toda para él. ¿Qué mirada cuenta la verdad? Las dos. Pero dado el tema del presente capítulo, quisiera subrayar que en el caso del trabajador por cuenta propia él es el único continente y resguardo. Él y sus habilidades. Él y sus tiempos. Él y su salud. El trabajador independiente tiene la responsabilidad no solo de recorrer el territorio sino también de trazar el mapa de su derrotero laboral. En suma, el trabajador independiente debe afrontar la necesidad de autogestionarse tanto como en muchos casos, la ausencia de interlocutores con quienes dialogar sobre los problemas a resolver.

Cómo fijar el precio de los servicios

La cotización es un tema delicado pero no imposible. A fin de abordarlo, ofrezco al lector el criterio de las tres "C": costos, clientes y competencia.

- **Costos.** Sin duda, constituyen el componente básico de cuya determinación depende que trabajemos a pérdida u obtengamos ganancia. En relación con los servicios, la estimación de los costos de producción suele ser más difícil que en el caso de la fabricación y venta de bienes, pero no imposible.
  En un sentido amplio, los costos corresponden al valor en metálico de los consumos en que se incurre para producir un bien o un servicio. A los efectos de nuestro tema (la estimación del costo de producción del servicio de un trabajador independiente), conviene distinguir, a su vez, entre:
  - **Costos directos.** Son las erogaciones relacionadas directamente con la producción del servicio. Bajo este concepto podrían incluirse los gastos de transporte en que incurre un técnico que hace reparaciones a domicilio.
  - **Costos indirectos.** Son provocados por la actividad en general y, por lo tanto, no pueden imputarse

ni directa ni exclusivamente a la producción de un servicio para un cliente en particular sin usar algún criterio de asignación antes establecido por el trabajador independiente. Siguiendo el ejemplo anterior, un costo indirecto es el seguro del automóvil que usa ese técnico para ir a visitar a sus clientes. Este costo, así como los costos fijos que explicaremos a continuación, deben prorratearse (dividirse) entre un número razonable de servicios. Esa "razonabilidad" surgirá en cada caso del tipo de servicio y la práctica normal y habitual de un profesional competente. Por ejemplo, la sesión con un psicoanalista dura unos cincuenta minutos. Esta cantidad de tiempo y la índole de su profesión hacen pensar que entre seis y siete pacientes por día laborable nos da una estimación razonable de los servicios que puede prestar. Desde luego, algunos pueden atender más pacientes y otros menos. Lo importante es comprender que los costos fijos e indirectos deben dividirse, como mínimo, entre esa cantidad de prestaciones.

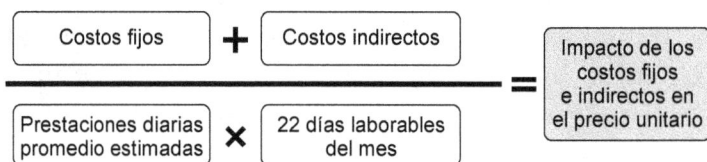

$$\frac{\text{Costos fijos} \; + \; \text{Costos indirectos}}{\text{Prestaciones diarias promedio estimadas} \; \times \; \text{22 días laborables del mes}} = \text{Impacto de los costos fijos e indirectos en el precio unitario}$$

Figura 29. Prorrateo de los costos fijos e indirectos.

— **Costos fijos.** A diferencia de los variables, no varían según el nivel de producción. El seguro del automóvil que mencionamos más arriba, además de ser un costo indirecto, es también un costo fijo: el técnico pagará el mismo importe mensual sin importar cuántos servicios preste al mes. Los costos fijos deben soportarse cualquiera sea la cantidad de servicios realizada: no aumentan con la producción, tampoco merman con ella, ni desaparecen cuando fue nula.

– **Costos variables.** Dependen directamente del nivel de producción o de servicios. Por ejemplo, el consumo de combustible de nuestro técnico será mayor o menor según las fluctuaciones en la demanda de sus servicios.

– **Costos hundidos.** Son erogaciones en que se ha incurrido en el pasado que no pueden imputarse a la producción actual de servicios. En el caso del técnico, podrían corresponder a honorarios no percibidos de clientes que resultaron incobrables.

Y las definiciones continúan. Pero no queremos confundir al lector sino por el contrario permitirle disponer de una lectura corta y rápida de aquellos costos que pueden afectarlo al momento de fijar el precio de sus servicios.

Por último, conviene recordar que los impuestos constituyen un concepto especialmente importante para el cálculo de los costos. ¿Por qué? En primer lugar, porque son una exigencia legal para el ejercicio profesional. En segundo, porque según su impacto pueden determinar la viabilidad o inviabilidad de una actividad. Algunos impuestos pueden representar costos fijos (por ejemplo, el impuesto automotor que debe pagarse se lo use o no) o costos variables y directos, como el Impuesto al Valor Agregado (IVA), que depende del nivel de ventas.

• **Cliente.** Hace años conocí a don Pedro, el dueño de una casa de campo que había heredado de sus familiares políticos. El chalet era grande y tenía el confort y el lujo de una estancia de principios del siglo xx. Cada vez que necesitaba realizar refacciones, negociaba el precio de los trabajos de albañilería, pintura y demás mediante la descripción de la propiedad pero sin mostrarla: sabía que, una vez que se viera la casona señorial, la cotización del servicio subiría inmediatamente.

¿Qué sugiere esta anécdota? Que el cliente, su poder adquisitivo (conocido o supuesto) y sus urgencias constituyen factores de fuerte impacto en la determinación del precio del servicio. Esto no significa que el precio pierda toda relación con los costos reales de producción o con una ganancia deseada razonable. Más bien se trata de una vieja fórmula: el libre juego de la oferta y la demanda. Quien tenga mayor urgencia y poder adquisitivo es probable que esté más dispuesto (y en condiciones) de ceder ante una cotización más elevada. ¿Cuánto más elevada? Tanto como para que el valor del servicio no haga desistir al cliente de la contratación. ¿Cuántas veces se nos ha informado, por ejemplo, que el valor de un trámite regular es X, pero que si lo queremos con carácter de urgente su precio es X más un tanto por ciento? Pues bien, ese "tanto por ciento" lo afrontaremos, como clientes, toda vez que nuestra necesidad lo justifique y esté dentro de nuestra capacidad económica.

Volviendo al ejemplo de la casa de campo, cuando los pintores veían *in situ* la propiedad, de inmediato suponían que su dueño tenía una pequeña fortuna y que, por lo tanto, podría pagar un precio mayor. ¿Era cierto? En parte sí: don Pedro conservaba y mantenía la propiedad porque tenía el dinero para hacerlo. En parte no: don Pedro había heredado la propiedad, pero no el negocio familiar que había generado el dinero que permitió originariamente adquirirla.

Me detengo en este ejemplo y en estas observaciones porque la estimación de cuál es el mejor precio que podemos obtener de un cliente implica la consideración y evaluación de variables muchas veces elusivas, ya que en toda decisión de compra (en este caso, de compra o contratación de un servicio) influyen desde factores más "duros" u objetivos hasta algunos muy "blandos" o subjetivos. Imaginémonos en la siguiente situación. Hemos sido demandados legalmente por un vecino a propósito de un problema en su propiedad que supone que ha sido causado por las raíces de un viejo roble de nuestro jardín. Necesitamos, por lo tanto, contratar a un abogado. Un amigo nos recomienda a un especialista en demandas civiles. Otro, a un viejo querido compañero de escuela que, en ejercicio del Derecho, se desempeña como un prestigioso asesor de una muy importante firma internacional. Nos entrevistamos con ambos. El primero nos impresiona de forma positiva por el grado de especialización y solvencia en esta clase de conflictos. Sus honorarios se ajustan a lo que suele (según nos han dicho) cobrarse en el mercado. El segundo nos explicó que, si bien no es su área de especialidad, por la amistad que lo unía a quien nos lo recomendó, estaría dispuesto a patrocinarnos por un honorario menor que el primero, casi simbólico. ¿A quién contratamos? ¿Al más barato o al más caro? ¿Al más especializado o al más prestigioso? ¿Al que se siente comprometido con el caso por un vínculo personal de amistad o al que nos representaría por motivos exclusivamente contractuales? A todo esto me refiero cuando señalo que entender las razones por las que un cliente podría contratarnos o preferirnos no pueden reducirse a una sola (por ejemplo, el precio) sino a un conjunto interrelacionado de manera compleja. De ese conjunto de razones para contratar o no un servicio dependerá el comportamiento de la demanda.

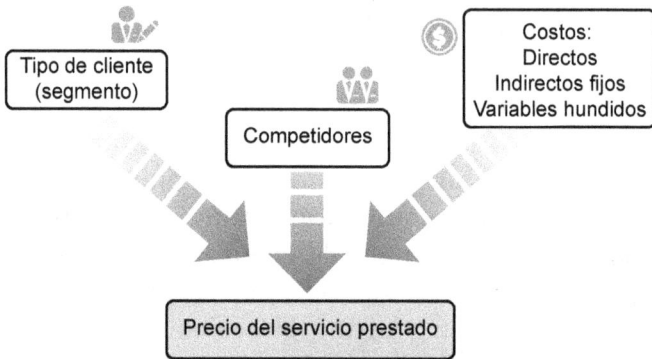

Figura 30. Las tres "C".

- **Competencia.** Excepto que seamos los titulares de un monopolio, toda vez que ofrecemos nuestros servicios, en su mente el cliente compara nuestra propuesta con la que otro (real o imaginario) podría ofrecerle por un servicio que ese mismo cliente (según su buen saber y entender) considera similar.

  Claro está que competir no es siempre una situación simpática. Pero es una condición necesaria (aunque no suficiente) para una economía sana. Pongámonos nuevamente en los zapatos del cliente. Pensemos qué haríamos si estuviéramos pensando en construir una piscina en el jardín de casa. ¿Buscaríamos un solo presupuesto? ¿O solicitaríamos varios a fin de compararlos, no solo por su precio sino por el conjunto de prestaciones que cada propuesta prometa? Estos y muchos otros ejemplos deben inducirnos a suponer, siempre que ofrezcamos un servicio, que estamos compitiendo con alguien más. Y prepararnos para ese desafío.

  Algo más. Durante los últimos años, el acceso cada vez más masivo a la web y las redes sociales permite que, con gran facilidad, podamos acceder y comparar información sobre los más diversos bienes y servicios, ya sea provista por quienes los producen, comercializan u ofrecen, ya sea provista por clientes que comparten sus experiencias más o menos satisfactorias. Como dije, la competencia es una condición necesaria para una economía sana. Y también, un extraordinario reto que debemos afrontar.

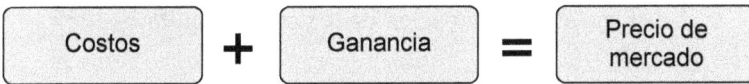

| Costos | **+** | Ganancia | **=** | Precio de mercado |

Figura 31. Composición del precio.

El precio unitario de mercado nos informa el rango de valores con los que los demandantes (clientes) y los oferentes (nuestros competidores y nosotros mismos) realizamos transacciones. Por ejemplo, si alguien nos preguntara cuánto cobra un sastre por la confección de un traje a medida, es probable que respondiéramos con cifras máximas y mínimas aproximadas. Y agregaríamos: "Claro, depende de la fama del sastre, de su habilidad, de su experiencia…" y de muchos otros factores. Todos sabemos que un médico especialista de renombre cotiza su honorario por una consulta privada mucho más alto que su colega con pocos años de experiencia.

Pero volvamos a la cotización de nuestro servicio. La confrontación de nuestra estimación de los costos unitarios en que deberíamos incurrir para producir el servicio (primera "C") con el precio unitario de mercado (el rango de valores emergente de las "C" restantes; es decir, clientes y competidores) puede plantearnos tres escenarios: nuestros costos igualan el precio de mercado, nuestros costos superan el precio de mercado o nuestros costos son menores al precio de mercado. Obviamente, como solo hay ganancia contante y sonante en el tercer caso, lo que ocurre en los otros dos debe poder revertirse. De lo contrario, nuestra actividad será inviable, ya que no podemos trabajar sin retorno o perder dinero por tiempo indefinido.

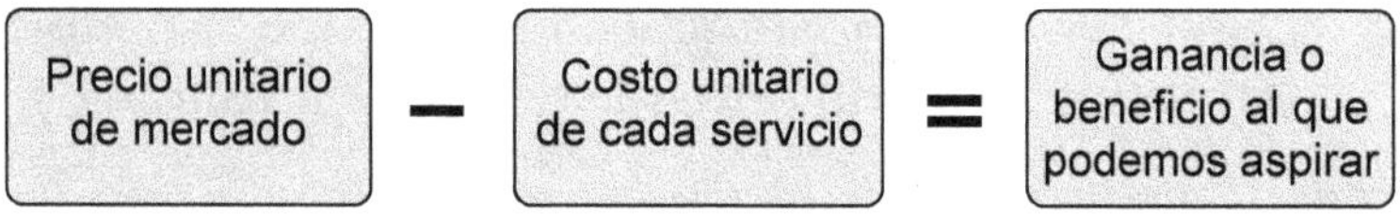

$$\boxed{\text{Precio unitario de mercado}} - \boxed{\text{Costo unitario de cada servicio}} = \boxed{\text{Ganancia o beneficio al que podemos aspirar}}$$

Figura 32. Estimación de la ganancia unitaria.

¿Cuándo la relación de costos iguales o superiores al precio de venta es reversible? Cuando obedece a una circunstancia más o menos coyuntural. Por ejemplo: los abogados entrenados en llevar adelante demandas de divorcio suelen tener un procedimiento ya elaborado y aceptado para entrevistar al cliente, trazar una estrategia, reunir la documentación relevante, elaborar las presentaciones legales, etcétera. Incluso, es probable que tengan una "escala", esto es, una cantidad tal de casos activos que les permita prorratear costos fijos, como el alquiler de sus oficinas. En cambio, un letrado inexperto deberá pagar su ineficiencia, emplear más horas de trabajo para diseñar y perfeccionar ese procedimiento (horas que se cotizan como un costo) para recuperar el alquiler de los servicios que presta a sus –por ahora– pocos clientes. De manera análoga, un novel diseñador de interiores conseguirá precios más altos de sus proveedores que otro ya sólidamente posicionado. Como puede deducir el lector, este uso ineficiente de los recursos de producción seguramente será pasajero. No obstante, debemos hacer una previsión clara de cuál será el tiempo y el monto máximos que podremos mantenerlo antes de que nos expulse del negocio.

La diferencia entre precio y valor

Al referirme a los clientes y la competencia, he señalado que el precio (tema de este capítulo) es uno de los factores pero no el único que el cliente considera (y que nosotros, como trabajadores independientes, evaluamos) al cerrar una transacción. "Entonces, si el dinero no lo es todo", podría estar preguntándose ahora el lector, "¿por qué aceptamos comprar ciertos bienes o contratar determinados servicios? ¿Por qué aceptamos vender nuestros bienes o servicios?". Porque en un caso y otro entendemos que damos o recibimos dinero a cambio de algo que consideramos valioso. Es decir, precio y valor están relacionados, pero no son lo mismo.

¿El monto de dinero que se entrega y/o recibe es proporcional al valor que adjudicamos a lo que compramos o vendemos? Definitivamente no. El precio, básicamente, responde a la lógica de las tres "C" (costos, clientes, competencia). El valor, en cambio, resulta de una interpretación simbólica (prestigio, pertenencia, ética, etcétera) y hasta estratégica (por ejemplo, en el marco de un proyecto personal o profesional). Volvamos a Matías, nuestro estudiante de paisajismo. El precio de su servicio de mantenimiento resultará básicamente de las tres "C". Sin embargo, en esta etapa de sus estudios, es probable que la experiencia que adquiera en su primer trabajo tenga un valor extraordinario para él en el marco de su estrategia de formación profesional. Pensado así, tal vez no estaría mal que Matías proponga un precio muy económico a fin de foguearse.

En forma análoga, sabemos que hay muchas personas dispuestas a trabajar gratis o por una modesta retribución en proyectos que les gustan, los entusiasman o los consideran un aporte en relación con una causa noble. Santiago, por ejemplo, es un médico amigo de mi hijo. Se especializa en cirugía pediátrica en uno de los hospitales más famosos y prestigiosos de la Argentina. El ingreso a la institución no fue sencillo: debió competir por su vacante con otros cientos de jóvenes. Sus antecedentes en la universidad donde se graduó fueron tenidos muy en cuenta y, luego de un extenso y exigente examen de ingreso, fue seleccionado para incorporarse al hospital.

Hoy, su régimen de trabajo es agotador. Debe prestar servicios de guardia médica durante 24 horas continuadas al menos cuatro veces a la semana. El resto de los días ingresa a la institución a las siete de la mañana y se retira a las ocho de la noche... si no hay imprevistos o contratiempos. Sábados y domingos se convirtieron en días laborables como cualquier otro, aunque los fines de semana suelen presentarse casos especiales más complejos. Cuando Santiago me contó su rutina, en el marco de la confianza que me da conocerlo desde que aprendió a caminar, le pregunté cuál era su remuneración. La cifra era, por lo menos, ridículamente baja. Sin embargo, Santiago estaba y está feliz. Lo que aprende desempeñando su rol, la enseñanza que le brindan sus superiores, el privilegio de pertenecer a ese hospital, la alegría de comprobar diariamente cuánto ama su profesión, el orgullo de sentirse un miembro útil a la comunidad representan para este momento de su carrera y de su vida personal una excelente y, por sobre todo, valiosa elección. "¿Te ves trabajando así para siempre?", le pregunté. "¡No! ¡Apenas si mi mujer aguanta que trabaje casi 120 horas a la semana! Sería humanamente imposible hacerlo para siempre. Pero hoy, que puedo hacerlo, esto me resulta genial porque me encanta lo que hago. Y cuando me siento agotado pienso en el mañana que me estoy forjando y... ¡sigo adelante!".

En suma, el trabajador independiente así como el asalariado, necesitan buscar que su compensación armonice de la mejor manera estos dos términos: precio y valor. Solo de este modo podrá asegurarse tanto su éxito en el mercado como la posibilidad de alcanzar la realización de su proyecto laboral y personal.

Condiciones particulares para la estimación del honorario	⬆	=	⬇
Costos — Mis costos directos son fácilmente identificables y cuantificables.			
Mis costos indirectos son fácilmente identificables y cuantificables.			
Mi volumen de trabajo me permite proveerme a buen precio.			
Competencia — Conozco a mis competidores y sus servicios.			
Mis servicios son considerados de referencia por mis competidores.			
Participo de espacios de intercambio con colegios (asociaciones, gremios, etc.)			
Clientes — Ofrezco un servicio de demanda inelástica.			
Mis servicios son reconocidos en el mercado.			
Por la índole de mis servicios, la calidad se prioriza respecto del precio.			

CAPÍTULO 6

LA REMUNERACIÓN EN LAS EMPRESAS FAMILIARES

Si bien la remuneración del trabajador independiente resulta compleja porque no se dispone del encuadre (siempre perfectible) que brinda tener una organización como contraparte, la empresa familiar impone a sus dueños y herederos el desafío de ocupar –alternativa y responsablemente– ambos lados de una mesa de negociaciones atravesada por intereses y afectos no siempre fáciles de armonizar. A continuación, analizaremos los lineamientos y criterios útiles para negociar la remuneración "sin morir en el intento"… ¡ni renunciar a la familia!

Si bien la empresa familiar como modelo de organización remonta sus orígenes a la antigüedad, las actuales son hijas más bien del empuje y protagonismo que la iniciativa privada adquirió desde la Edad Moderna hasta nuestros días. Durante siglos, el manejo de esta clase de empresa y su sucesión fue mucho más sencillo que en la actualidad. Entendida como fuente proveedora para la supervivencia personal y de las generaciones por venir, quienes la creaban y sus descendientes tomaban casi como un mandato, tan indiscutible como ineludible el deber de darle continuidad. Como algunas religiones incluso reforzaban esta creencia y hasta fijaban el rol que cada miembro debía desempeñar en la organización, el modo de administrarla se iba construyendo paulatinamente sobre la base de historias, rituales y tradiciones, elaborados y enriquecidos generación tras generación. El modo de llevar adelante la empresa y los resultados alcanzados estaban directamente relacionados.

Desde hace ya mucho tiempo, el crecimiento de estas estructuras, la modificación del encuadre legal y las nuevas condiciones de la escena competitiva hicieron necesario contratar a otras personas, no solo para tareas operativas sino para cubrir posiciones gerenciales. Fue entonces cuando se produjo un quiebre, y la filosofía de la retribución aplicada debió convertirse en un tema central porque aquello que recompensaba a un familiar y dueño de la empresa no surtía el mismo efecto en una persona ajena a este círculo. Ante este fenómeno, muchos adivinaron el ocaso de un modelo organizacional casi tan viejo como la sociedad.

Se estima que las empresas familiares justifican el 35% de las 500 empresas más destacadas que anualmente informa la revista *Fortune*. ¿Qué visiones se desarrollaron desde la teoría de la Administración en torno al presente y futuro de la empresa familiar? Para explicarlo de modo sencillo, podríamos decir que "la biblioteca" –como en tantos otros temas– se divide entre defensores y detractores. Entre los primeros se cuentan quienes atribuyen a la propiedad familiar la capacidad de agregar valor porque enlaza el prestigio personal de los dueños con el compromiso en la función empresarial, dado que los lazos familiares actúan con frecuencia como antídoto contra la disgregación en los momentos duros. Y porque "el ojo del amo engorda el ganado". Seguramente, estimado lector, usted esté pensando en un número interesante de ejemplos que desmienten estas ventajas. Sin embargo, concédame que conoce también otras tantas experiencias que ratifican lo dicho... y hasta le causan admiración.

En el otro extremo, se agrupan quienes afirman que la empresa familiar está destinada a la extinción debido a su dinámica de premios y castigos fuertemente condicionados por la estructura familiar. Además, porque para competir en escenarios más grandes y diversos, resulta imprescindible profesionalizarse en dos sentidos: por una parte, en la elaboración de los bienes y servicios que ofrece la empresa; por otra, en el modo de conducir la compañía, entendiéndola ya no como una extensión de la estructura familiar sino como una organización dotada de un sentido propio particular. Para lograr esto último, según esta visión, familia y empresa deberían independizarse tanto como sea posible de lo parental.

El tamaño, por ejemplo, constituye uno de los elementos clave en la dinámica de la empresa familiar. Juan José es hijo de Juan Guarracino, uno de los fundadores de la cadena de heladerías Freddo, muy conocida en la Argentina por la calidad de sus productos. Hacia fines de 1980, y especialmente durante la década siguiente, el negocio creció de tal manera que obligó a Juan José, quien hasta entonces se desempeñaba como cajero a tiempo completo de la sucursal más importante, a contratar nuevo personal para que, a medida que se fueran abriendo, se hiciera cargo de las nuevas sucursales. Debido al salto en el crecimiento del negocio, la cantidad de parientes se volvió insuficiente para monopolizar el manejo del dinero. Así, Freddo comenzó a incorporar "gente de afuera", y lo familiar empezó a tomar otro cariz. Cualquiera sea el enfoque teórico que adoptemos, debemos pensar que los miembros de la familia que desempeñan funciones en la empresa nunca son un empleado más. Por eso, y a fin de prevenir y evitar injusticias, propongo en las siguientes páginas algunos lineamientos para la retribución que contemplan esa diferencia.

A propósito, he decidido no tematizar cuestiones tales como los mandatos familiares, los favoritismos y otras circunstancias muchas veces conflictivas. Mi punto de partida es el reconocimiento de que existen diferencias innegables entre los integrantes de la familia y el resto de los miembros de la organización, comenzando por las más elementales y evidentes: la propiedad –actual o, por herencia, en el futuro– de una parte del capital, y el "compartir la mesa del domingo". Es decir, la existencia de una relación parental fuera del marco de la empresa, muchas veces más importante simbólicamente incluso que el vínculo laboral.

Amenazas a la continuidad

Un 70% de las empresas familiares fracasa o se venden antes de que la segunda generación tenga oportunidad de tomar el relevo, mientras que solo el 10% permanecen activas cuando llegan a manos de la tercera.

A diferencia de los CEO (Chief Executive Officers) de la mayoría de las empresas privadas que permanecen en sus cargos un promedio de seis años, muchas empresas familiares son dirigidas por los mismos líderes entre 20 y 25 años. Con frecuencia, el resultado de esta permanencia se evidencia en dificultades para actualizar las tecnologías empleadas, los modelos de negocio aplicados y la detección de los cambios de comportamiento con los clientes. A estas debilidades, para las empresas familiares de los países en desarrollo se añaden las amenazas derivadas de la globalización de los mercados. En este marco, la continuidad de los negocios familiares como tales se encuentra más jaqueada que en cualquier otro momento de la historia.

Fuente: George Stalk y Henry Foley: "Avoid the Traps That Can Destroy Family Businesses". *Harvard Business Review,* enero-febrero de 2012. Disponible en http://hbr.org/2012/01/avoid-the-traps-that-can-destroy-family-businesses/ar/1 (consultado 29 de abril de 2014).

Hasta aquí, cada capítulo fue escrito para un lector que imaginé interesado en pensar cómo manejar el tema de su compensación en el marco de una búsqueda laboral, o de una negociación de mejora salarial acorde con el nivel de desempeño alcanzado o una promoción. En este capítulo, en cambio, busco dirigirme a dos clases de lectores. Por una parte, quienes trabajan en empresas bajo la doble condición de empleados y socios dueños, futuros dueños o familiares de los dueños. Por otra, a quienes al ser titulares de una empresa familiar deben establecer la remuneración de un pariente empleado.

Profesionalización de la empresa familiar

En las empresas familiares se superponen dos sistemas de organización: la familia y la empresa. Cada uno de los sistemas posee una lógica, una necesidad y una forma de organización diferente. En la familia predomina la necesidad de dar apoyo y sustento, muchas veces incondicional, a los miembros. Se rige por el amor y el afecto. Es un sistema que tolera los tiempos de maduración de sus miembros por más lentos que sean. Se les exige lo que pueden dar, en cambio se les otorga lo que necesitan. En la empresa existe una lógica de la eficiencia y de la productividad. Cada vez más la empresa tiene que ser racional, abocarse al rendimiento para cumplir con su función económica y esto exige que sus miembros rindan cuenta en función de metas.

En una empresa profesionalizada que se vale de una estructura ejecutiva jerárquica, los roles no son fijos ni permanentes y están sujetos a la reconfirmación de cada uno en su puesto como consecuencia de la evaluación personalizada. Esto no ocurre en una empresa familiar. Como se puede deducir de los casos descriptos, los miembros de la familia tienden a permanecer en sus puestos independientemente de su rendimiento. La evaluación objetiva del rendimiento no se realiza, y cuando esto se intenta se producen conflictos. Como lo señalamos antes, un padre no puede evaluar el rendimiento de un hijo en forma objetiva. Aun cuando dicha apreciación pueda realizarse, es muy difícil que un padre o un pariente directo asuman tomar la decisión de desafectar a un miembro de la familia de un rol organizacional determinado. Esto obviamente representa un déficit desde el punto de vista de la productividad y calidad del out put.

Por último podemos decir que la familia es un grupo y actúa como tal, tiene intereses corporativos. La empresa que se vale de una estructura ejecutiva jerárquica, constituye un conjunto articulado e integrado de roles individuales. Por más que se trabaje en equipo el accountability *es individual y las evaluaciones también.*

En síntesis: los dos sistemas son distintos entre sí pero los ocupantes de los roles de ambos sistemas son los mismos. Las discrepancias generan demandas contradictorias en los miembros que son, de esta forma, pasibles de tensiones y conflictos. Dada la superposición los límites de ambos sistemas se debilitan. En la empresa esto es causa de ineficiencias organizativas, los límites se relajan, el incumplimiento se ve justificado. "

Aldo Schlemenson: "Desarrollo organizacional de las pymes empresas de familia. La conducción en épocas de crisis". Disponible en http://www.schlemenson.com.ar/publicaciones/art_peqymediana_conduccion.html (consultado el 29 de abril de 2014).

Afectos, sentimientos, emociones

Conviene comenzar por establecer qué define a una empresa como "familiar". ¿El tamaño? ¿Sus negocios? Cargill, por ejemplo, es una de las empresas privadas internacionales más grandes del mundo. Sin embargo, sus acciones no cotizan en bolsa, permanecen en poder de la familia. Arcor, por su parte, es otra compañía multinacional privada –en este caso, de origen argentino– con más de 20.000 empleados distribuidos en todo el planeta. ¿Qué tienen en común estas enormes compañías con una firma del rubro, manejada de forma personal por el dueño y algunos o todos los miembros de su familia? Precisamente eso: la intervención excluyente de una familia dueña del capital en los procesos de toma de decisiones. ¿De qué manera impacta en la gestión lo "familiar"? De muchas. Por una parte, incide desde lo afectivo y emocional. El empresario o la empresaria que han levantado una firma son gestores y líderes de un proyecto personal, que incluye y excede el objetivo de proporcionarles los recursos económicos para el sustento de sí y los suyos. Ese proyecto suele convertirse en rasgo de identidad, de reconocimiento y pertenencia social, etcétera. Para quienes, en cambio, son familiares de esos fundadores, herederos directos o no, los lazos de parentesco con el o los dueños del capital tienen también consecuencias de fuerte significado. Entre otras, sentimientos de deber continuar ese emprendimiento como miembro de un linaje, de dudas o certezas acerca del merecimiento de la posición que allí se ocupe, y de fuerte condicionamiento externo con respecto a elecciones personalísimas (intereses, vocaciones, proyectos de vida).

Este impacto de lo afectivo y emocional no solo se manifiesta en cuanto a la definición de la empresa. También se pone en juego en el desenvolvimiento cotidiano del trabajo. Imaginemos que usted es gerente de una empresa propiedad de su padre y que sufre un accidente que lo inhabilita para su trabajo por un período que excede las licencias de ley. ¿Esperaría que la empresa continuara abonándole su salario por el tiempo que le demande la recuperación o consideraría lógico ser tratado con los mismos criterios aplicables a cualquier otro empleado? ¿Y si en vez del hijo fuera usted el dueño? ¿Aplicaría el principio de "la misma vara" para todos? Y si hiciera diferencias, ¿cómo cree que esa decisión repercutiría sobre el resto del personal?

Soy el dueño, voy a ser el dueño, soy pariente del dueño

En cierta ocasión, conociendo mi especialidad, un amigo de mis hijos habló conmigo de su situación laboral a fin de pedirme consejo. Desde hacía dos años, desempeñaba un cargo de jefatura en la empresa perteneciente a su padre (en un 65%) y a su tío (titular del 35% restante). Le gustaba lo que hacía y era adecuado a su especialidad profesional (la arquitectura). Se consideraba en una situación privilegiada para adquirir experiencia y aprender aquello que solo la práctica puede enseñar. Sin embargo, lo incomodaba que su primo Javier –hijo del tío socio del padre– ocupara un puesto de jerarquía mayor que la de él a pesar de ser cuatro años menor, no haberse graduado aún y ser minoritaria la participación accionaria de su familia. "¿Preguntaste por qué le habían dado ese puesto?", quise saber. "No. Me da miedo que se arme lío en la familia", me respondió.

Seguramente el lector puede evocar en este mismo instante un sinnúmero de casos análogos donde, cambiando lo que debe ser cambiado, alguien se encuentra frente a la disyuntiva, hablar y exponerse a un conflicto que puede exceder el ámbito laboral para invadir la vida personal de sus protagonistas o callar y dejar que el malestar fermente al calor del silencio. La prevención de aquel joven no era infundada. No obstante, ¿debemos resignarnos? Mi experiencia me ha demostrado que, a pesar de que no todos los conflictos pueden evitarse, muchos pueden prevenirse y resolverse. En este capítulo, presentaré conceptos y estrategias orientados hacia este propósito.

Aquí también, previsibilidad

Como ya señalé, la previsibilidad es una condición requerida por todos los seres humanos en cualquier ámbito de sus vidas y, en particular, en el laboral. Respecto de la remuneración, se trata de conocer de antemano y con el mayor detalle que fuera posible qué sucederá (al menos) en el corto y mediano plazo a fin de poder planear el futuro. Claro que existen diversos grados de previsibilidad definidos principalmente por la existencia o no de criterios explícitos de remuneración fijados por la compañía, por la situación del mercado en que se desenvuelve, por el encuadre jurídico de la actividad y por la existencia o no de procesos inflacionarios en curso. Estos y otros facilitadores y obstaculizadores de la previsibilidad se combinan con los factores emocionales que condimentan los lazos dentro de la empresa familiar a la hora de fijar sueldos, pero también en la adjudicación de roles y en las expectativas de desempeño. Veamos algunos ejemplos típicos.

Familia y criterios de remuneración. Don Mauricio era (es) un señor de 73 años, propietario de una compañía distribuidora de repuestos de automotores para las principales marcas de automóviles que, luego de 41 años de esfuerzos, había logrado atender a todo el territorio nacional. En la tarea, Don Mauricio era secundado por sus hijos, una mujer y dos varones. Si bien los tres desempeñaban cargos gerenciales de similar complejidad, recibían retribuciones diferentes: los dos mayores, casados y con hijos, cobraban más que el menor, soltero y que vivía aún en casa de sus padres. ¿La razón? "El más chico no tiene cargas de familia. No necesita más", me explicó con toda soltura el padre. ¿Había un criterio de remuneración? Sí. ¿Su particularidad? El salario no dependía del desempeño, de la responsabilidad asumida, de los resultados obtenidos, de las calificaciones profesionales, ni algo similar. El salario dependía de una circunstancia propia de la vida privada (no laboral) de cada hijo, que era de conocimiento del dueño solamente por ser familiar directo.

Remuneración y retiro de utilidades. Otro fenómeno común en la administración de los sueldos de la empresa familiar es la confusión de las ganancias con los sueldos percibidos por los miembros de la familia empleados en la empresa. Esto se pone en evidencia, por ejemplo, cuando el dueño les comunica a ellos que experimentarán una reducción en su salario mensual durante cierto tiempo porque las utilidades de la firma han mermado. Quien se viera afectado por esta situación podría explicarse: "Claro, yo no cobraba un sueldo sino que hacía retiros a cuenta de ganancias producidas por una empresa… ¡de la que no soy dueño!". Otra vez, la confusión con respecto al concepto de la remuneración deteriora el vínculo laboral y, tarde o temprano, el personal.

Un caso de este cruce inadecuado entre salario y utilidades pude observarlo en una familia (padre y tres hijos varones), propietarios de un establecimiento agrícolo-ganadero en una de las zonas más productivas de la Argentina. El padre había decidido ceder sus acciones pero no de modo igualitario. A los dos hijos que estudiaron en la universidad una profesión relacionada con la actividad les otorgó una participación menor que al tercero, quien prefirió acompañar en las tareas cotidianas a su padre. Con el correr de los años, los hermanos fueron ocupando posiciones diferentes y desempeñando distintas funciones en la sociedad. Aunque los profesionales universitarios agregaban más valor debido a sus conocimientos, los ingresos de todos estaban ligados a su participación accionaria. Claro que esto los desalentó a permanecer en la empresa. Terminaron por irse. ¿Qué hubiera sucedido si, además de sus retiros como socios, los hermanos hubiesen recibido un razonable salario de mercado según la posición que ocupaban? Seguramente esto podría haber aclarado los roles y hubiese logrado retener a quienes más valor agregaban.

Problemas más frecuentes

En materia de retribución y reconocimiento de los parientes que se desempeñan en la empresa familiar, existen problemas muy variados. Con ánimo de sintetizarlos, los he agrupado en diez tipos.

- **Confundir funciones.** Quizás sea el más común de los errores de administración salarial. Una dueña presenta a "su hijo" cuando en realidad se está refiriendo al jefe de personal. "Ser hijo de" no es un rol. La portación de apellido no debe tenerse en cuenta para la fijación del salario.
- **Usar la compensación como recurso para la reducción de los impuestos a pagar.** Además de constituir un delito, fijar altos salarios a familiares como si ellos desempeñaran cargos ejecutivos para tributar menos impuestos es una práctica peligrosa.
- **Usar la compensación para mantener el control.** Clave argumental de muchas series televisivas estadounidenses, la manipulación de futuros herederos, familiares y parientes políticos mediante el manejo

discrecional de sus remuneraciones, además de una práctica moralmente cuestionable, definitivamente resulta inconciliable con un modelo sensato de organización.

- **Usar la compensación para resolver cuestiones emocionales.** "Mi nuera perdió un embarazo. Ella y mi hijo están destrozados. Un bono especial seguro que les vendrá bien", diría el dueño de la empresa con vocación paternalista. Probablemente la intención sea irreprochable y comprensible. Pero ese "bono", en rigor, no debe atribuirse al presupuesto de la empresa sino, en todo caso, a la economía personal del titular del capital.

- **Mantener el secreto a toda costa.** Si bien los sueldos son confidenciales, nunca son secretos porque esto sugeriría la existencia de algo inconfesable en su otorgamiento. Por supuesto, el sueldo es una cuestión de orden individual y nadie tiene derecho a divulgarlo, sobre todo cuando se trate de montos importantes ya que debe tenerse en cuenta la seguridad de quien lo recibe. Mi propuesta es que el área que liquida los salarios sepa el importe y base de cálculo de la remuneración, pero –como con cualquier otro empleado– no divulgue esta información.

- **Confundir los fondos empresariales con los personales.** Los dueños de compañías pequeñas muchas veces sienten que dar un aumento de sueldo o pagar un beneficio a un empleado significa disponer de un dinero que sale directamente de su bolsillo. Cuando esto ocurre, la decisión se complica, entre otras cosas, por las diferentes escalas que se manejan en una economía familiar o empresarial. Como puede percibir el lector, muchos de los casos y problemas comentados en última instancia descansan sobre esta confusión.

- **Dar por sentadas las intenciones de los herederos.** "No entiendo cómo ninguno de mis hijos quiere continuar con la fábrica", me decía un empresario durante una conferencia que di hace algunos años. Este señor había llegado a los 70 años muy desgastado físicamente, luego de haber iniciado un taller mecánico devenido con el tiempo en una pequeña fábrica gracias al esfuerzo y las privaciones que durante más de cuarenta años él se impuso... e impuso a su familia. Sus cuatro hijos habían seguido estudios que nada tenían que ver con la actividad del padre: médico, músico, veterinario y profesor de educación física respectivamente. Ninguno estaba preparado para seguir el negocio familiar. Ni querían hacerlo. Para bien o para mal, nadie quería seguir los pasos del padre, quien insistía en delegarles el mando de la empresa. Algo que jamás logró.

- **Usar sustitutos salariales.** En ciertas ocasiones los dueños ofrecen una serie de beneficios a cambio de un salario escaso: viajes, vacaciones adicionales, regalos especiales y similares. Esta forma de remunerar puede tener un impacto impositivo menor que un sueldo y hasta resultar beneficiosa para el remunerado. Sin embargo, es profundamente distorsiva del contrato laboral. Los beneficios siempre (siempre) complementan el salario, no lo reemplazan.

- **Pagar mucho o muy poco.** Esta ecuación no es ni buena ni mala. La dificultad reside en cuál es el razonamiento o la lógica que existe detrás del pago. Muchas veces el monto guarda relación con los gastos personales y familiares del empleado, y no con el aporte de valor que hace a la compañía.

- **Usar la compensación para morigerar los efectos de alzas y bajas en el desempeño del negocio.** Esto puede ocurrir cuando los niveles de pago se manejen de manera contracíclica a los resultados de la economía de la empresa para demostrar que todo anda bien cuando en realidad no es así. O para ser muy austeros y guardar para años malos mientras las finanzas sean florecientes. Por supuesto, la previsibilidad aquí desaparece.

Cómo reconocer un buen plan de compensaciones

Ya hemos descripto con cierto detalle los fenómenos que ocurren en la administración de los salarios en empresas familiares. Veamos ahora algunas formas para reconocer una buena oferta en la empresa familiar.

* **Existe una filosofía de retribución.** Debe incluir a todos los integrantes de la empresa y también contemplar a los de la familia que desempeñen una función específica, no por su condición de socios. A los fines de la legitimación de las decisiones con respecto a todo el personal, será importante que todos aquellos pagos que se realicen a la familia, y que no guarden relación con el cargo o rol, se reconozcan desde otro lugar. Mi opinión no es que los empresarios dejen de pagar o reconocer aquellas cosas que quieran dar a sus parientes y que siempre han estado dando. Quitarlas con el argumento de que se trata de una nueva política retributiva sería sin duda más un factor de conflicto que una solución. Mi sugerencia es correlacionar esa retribución con el verdadero concepto por la cual se paga: por ser socio, futuro socio o decisión soberana del titular del capital. Después de todo, el dueño goza de un razonable grado de discrecionalidad. Si decide hacer un regalo, que lo haga; pero que no lo camufle. Si quiere obsequiar

163

con un viaje a su hijo, recién graduado en ingeniería, muy bien. Pero que lo impute a su cuenta de retiros y no a "honorarios por asesoramiento" porque –además de tergiversar su contabilidad– provocará que el flamante ingeniero despierte la hilaridad de algunos empleados... y el resentimiento de otros.

- **La filosofía de retribución define, como mínimo, el nivel de pago, qué se retribuye y cómo.** Como he explicado de manera detallada en otra parte,[1] las compañías fijan las remuneraciones de acuerdo con tres (y solo tres) conceptos: conocimientos, desempeño y resultados. Como puede deducirse rápidamente, este criterio es aplicable también al caso de un familiar que ejerce un rol en la empresa. Desde luego, queda a consideración de cada empresa cuál será el peso relativo que se atribuya a cada uno de esto tres elementos y por qué.

- **La empresa toma en cuenta el valor de mercado correspondiente al puesto o rol.** Este punto[2] supone abordar dos cuestiones: por una parte, cómo atraer y retener al talento; por otra, estimar los costos relacionados con el salario y los impuestos al trabajo. Con esta referencia externa a la propia empresa, será posible evaluar la propuesta salarial por la posición despejando la incidencia de factores subjetivos. Si la empresa resolviera pagar un salario mayor, la oferta surtirá el efecto de atraer y retener. Si fuera un salario igual o menor, esa remuneración constituirá una barrera de egreso baja, es decir, usted podrá ser fácilmente tentado a migrar a otra empresa. ¿Por qué creo que es muy importante determinar el valor de mercado de un puesto? Porque nos obliga a salir

---

1. Hidalgo, Bernardo: *Remuneraciones inteligentes, op. cit.*
2. Ibídem.

del pequeño mundo de nuestra realidad empresaria y familiar, y comprender que se está ofreciendo un trabajo (sí, un trabajo) a un pariente. Y eso obliga a pensar en términos de mercado laboral.

- **El salario está de acuerdo con la función que cumple dentro de la empresa.** No todos los colaboradores de una empresa aportan igual valor al negocio. La seriedad y el trabajo a conciencia de un jefe de producción suelen ser más críticos o clave que los de un administrativo *Junior*. ¿Por qué? Porque del primero depende, en buena medida, la calidad de los productos y, por ende, la satisfacción de los clientes. El segundo cumple una tarea cuyo grado de error será bastante limitado porque estará sometida al seguimiento y la supervisión de un jefe. Ligar la remuneración al valor que agrega el trabajo realizado en un determinado puesto permite establecer con mayor claridad cómo retribuirlo porque el foco se pone no en la persona (por caso, un hijo o una hermana) sino en el rol.

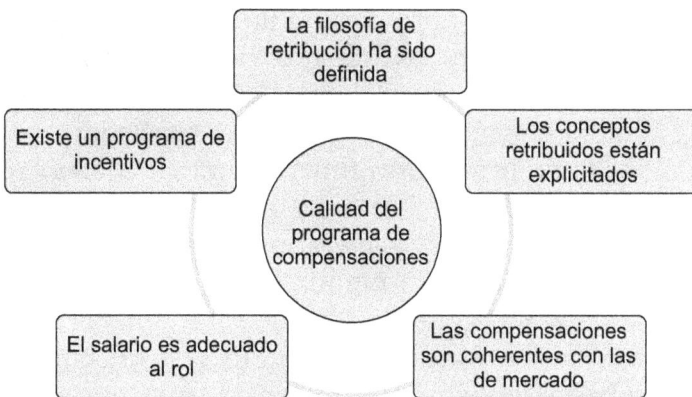

Figura 33. Programa de compensaciones.

165

- Tuve oportunidad de trabajar como consultor para una firma donde se desempeñaba un familiar lejano de los dueños, quien declamaba su compromiso con la compañía ante todo quien quisiera escucharlo. "Yo tengo puesta la camiseta de la empresa. La empresa es parte de mi familia." La verdad es que nunca dudé de su fidelidad hacia la firma... ni de su incapacidad para atender y supervisar de manera eficiente y eficaz el mantenimiento de la planta, algo que –si no se hubiese tratado de un familiar del dueño– le hubiera valido la desvinculación sin más. No obstante, fueron necesarios varios e improductivos meses hasta que la situación, por su propio peso, condujera al lógico desenlace y se decidiera desvincularlo de la organización... no sin antes brindarle todos los honores en inolvidable ceremonia.

  De aquí la importancia de establecer la remuneración según el rol, su jerarquía y el valor que agrega a la compañía. Y solo una vez determinado esto, decidir si se desea sumar otros valores o beneficios en función de razones emocionales.

- **Existe un programa de incentivos.** Los pagos variables son un poderoso estímulo para que las personas desarrollen en sus trabajos ciertos comportamientos, alcancen determinados niveles de desempeño y, por consiguiente, produzcan los resultados deseados por la empresa. Esto funciona así cualquiera sea el tipo de organización. Si lo que buscamos es profundizar un cambio o acelerar un proceso, los planes de incentivos constituyen una muy buena herramienta. No obstante, algunos dueños no concuerdan con esta mirada ya que consideran que los empleados deben dar siempre lo mejor de sí, ya que para eso se les paga un sueldo. "Si un colaborador necesita un incentivo adicional para trabajar más o mejor, en realidad, está incumpliendo su parte del contrato", piensan muchos. Dejando de lado cualquier consideración al respecto, eventualmente válida, la realidad nos muestra que los incentivos operan como tales: movilizan.

En el caso de los vínculos laborales entre parientes, muchas personas creen que un familiar no necesita estos incentivos ya que el parentesco *per se* debería estimular el empeño en la tarea. ¿Mi experiencia? Esto no ocurre necesariamente. Los afectos, la tradición, los compromisos interpersonales de diversa índole, todo eso en algunos puede despertar el deseo de contribuir al éxito de la empresa con incentivos (en dinero o en beneficios) o sin ellos. En otros, "renuevan" el interés de hacer mejor la tarea para mejorar sus ingresos. Y punto.

Un sistema de pago variable no siempre logra que los empleados (familiares del dueño o no) desarrollen una auténtica fidelidad y lealtad hacia la empresa y sus líderes; quien busque estos resultados deberá recurrir a otras herramientas. Pero si se trata de que cada colaborador sea más productivo en su rol, el pago variable bien instrumentado será seguramente un aliado valioso.

Todo lo expuesto resulta con frecuencia difícil de hablar, de preguntar, de plantear. Puede ser complejo y, en ciertos casos, hasta no estar libre de conflictos. Pero hablar sobre sus decisiones, obliga al dueño a pensar y repensar lo que hará, ya sea con respecto a un empleado cualquiera o a un familiar. Para el o los titulares de la firma, hacer públicas sus decisiones supone prepararse para recibir preguntas, en ocasiones sentidas como molestas y hasta inoportunas. Pero el ejercicio de comunicar la filosofía de retribución, qué conceptos se consideran para fijarla, el conocimiento de lo que se ofrece en el mercado como compensación por cada rol, la definición concreta en cuanto al valor que se agrega desde cada puesto y a lo que se busca incentivar en cada caso, no solamente previene malentendidos, sino que brinda reglas de juego claras para todos e incrementa la calidad del liderazgo ejercido por los dueños de la empresa. La comunicación favorece, además, el entendimiento, la aceptación y el seguimiento de quienes están afectados por la decisión adoptada, un asunto central cuando se trata de gestionar recursos humanos... y mucho más cuando estos comparten con los dueños la mesa de Año Nuevo.

INTERMEZZO

CAPÍTULO 7

MOMENTO DE INTROSPECCIÓN

Por Verónica Piasco

Reconocernos, entendernos, situarnos. Identificar qué queremos. Todo eso requiere un ejercicio de reflexión necesariamente previo a fijarnos objetivos, definir una estrategia para alcanzarlos y llevarla adelante. Los cuestionarios incluidos en este capítulo guiarán al lector en este imprescindible momento de introspección.

Es posible que llegado a este punto del libro usted esté esperando que se le revele el secreto para negociar su salario de manera exitosa, la clave que le abra un escenario ventajoso, que lo habilite a sacar el mayor provecho de sus habilidades y de todo lo que usted, como trabajador, represente como "oferta" para un empleador, potencial o concreto.

Sin embargo, en este campo, como en casi todos, no existen las recetas mágicas. La fórmula del éxito es la que cada persona sea capaz de elaborar tomando en cuenta objetivos y necesidades propios. De allí que la colaboración más efectiva que pueda ofrecerle en esta instancia consiste en ayudarlo a escucharse, a bucear en su interior para descubrir qué está buscando realmente. La fórmula más eficaz será, en consecuencia, la que le permita identificar sus inquietudes, necesidades y aspiraciones, las que –como verá– exceden siempre el dinero que se le ofrezca o que logre obtener.

Por eso, este capítulo lo escribe usted. Me comprometo a ayudarlo y guiarlo en la tarea, pero lo escribe usted. Si completó algunas de las propuestas de trabajo con que

Bernardo Hidalgo cerró los capítulos anteriores, su proceso de definición y planificación de una estrategia ya habrá comenzado. Si no, este es el momento.

¿Qué busco?

La primera pregunta que debemos hacer para encaminarnos hacia una negociación exitosa es simple pero no sencilla: "¿Qué estoy buscando?". Si bien la respuesta puede parecer obvia –"busco negociar mi salario"–, dejará de parecerlo una vez que trascienda la respuesta puntual y se abra a reflexionar sobre las razones por las que hace lo que hace. Probablemente descubra que sus expectativas, cuando realiza un trabajo, van mucho más allá de percibir un pago. Porque, en ocasiones, el salario puede ser adecuado y aun así el trabajo no cumplir con las expectativas del empleado. Tal fue el caso de Florencia, quien no modificó la decisión de renunciar a su empleo a pesar de que le ofrecieron un importante aumento: "Me duele en el alma dejar este trabajo", me dijo, "más aún sabiendo que me darían un aumento. Pero me exigen hacer horas extras y, aunque me las paguen y reconozcan, no quiero dejar a Pedro, mi bebé, con otra persona tanto tiempo. No hay aumento que compense mi ausencia".

Como veremos a continuación, responder a la pregunta sobre qué estamos buscando reviste una complejidad que requiere ser atendida y, sobre todo, respetada. Todo lo que usted invierta en pensar y definir lo recuperará con creces. Se lo prometo.

Reflexionar para conocerse

Mi propósito es acompañarlo en el proceso de análisis previo a la negociación salarial. Para eso, le propongo que por un momento deje de lado la calculadora mental que lo lleva a pensar cuánto quiere ganar, y se disponga a navegar otras aguas: las de sus inquietudes, gustos y expectativas más profundos.

En este capítulo formulo una serie de preguntas que lo guiarán en el proceso de identificar sus búsquedas personales. Le sugiero que se detenga en cada una y reflexione exhaustivamente antes de articular su respuesta. Registre sus pensamientos en los espacios previstos a continuación para seguir analizándolos luego.

Si bien es habitual que este tipo de evaluaciones se realice de manera automática y hasta inconsciente, le propongo hacerlo ahora en forma explícita, ya que he comprobado que cuanto más nos esforzamos en esta etapa de introspección, más direccionalidad le imprimimos a nuestras búsquedas. El hecho de dejar de reaccionar simplemente ante lo que el mercado propone para asumir un rol activo, de actores y protagonistas de nuestras inquietudes, nos dota de mayor asertividad, más foco y más cercanía con lo que deseamos realmente lograr.

La utilidad del proceso de introspección es independiente de la situación laboral en la que usted se encuentre. No importa si está desempleado y buscando trabajo, si quiere hacer un cambio de posición dentro de la misma compañía, si lo han convocado para un nuevo desafío, o si está dispuesto a realizar un emprendimiento independiente; cualquiera sea su caso, le sugiero que se formule y responda las siguientes preguntas.

* ¿Para qué hago lo que hago?

_____

_____

_____

_____

- ¿Qué espero como recompensa por mi labor, más allá del salario? ¿Aprender? ¿Tener contacto con otras personas o con cierta clase de gente? ¿Ganar confianza en mi formación profesional? ¿Alcanzar cierto estatus social?

  _____
  _____
  _____
  _____

- ¿Me importa que reconozcan mi desempeño explícitamente? ¿Cuánto?

  _____
  _____
  _____
  _____

- ¿Quién es el "juez" más importante para mí, el destinatario de mi trabajo (por ejemplo, mi paciente, mi alumno, mis compañeros de trabajo, etcétera) o mi jefe (el director del sanatorio, el director de la escuela, el gerente de mi área...)?

  _____
  _____
  _____
  _____

- ¿El trabajo representa para mí un medio o una forma de trascender? ¿Identifico lo que hago con un aporte valioso para mis clientes, para mi comunidad, para la sociedad? ¿O es simplemente una manera de ganarme la vida, de conseguir dinero para hacer otras cosas que de verdad me importan?

  _____
  _____
  _____
  _____

- ¿Cuánto y cómo influye sobre mí el grupo de trabajo? ¿Qué relevancia le atribuyo a las características de quienes conforman mi equipo? ¿Busco hacer amigos, establecer relaciones que me alienten a superarme en mi tarea, entretenerme…?

  _____
  _____
  _____
  _____

- ¿El lugar físico donde trabajo me resulta relevante o insignificante? ¿Mientras disponga de un espacio razonable para hacer mi tarea, me siento a gusto en cualquier lado? ¿Quiero trabajar en un sitio que me resulte cómodo? ¿Qué sea agradable? ¿Que esté cerca de mi casa? ¿Que sea moderno o tenga estilo…?

  _____
  _____
  _____
  _____

- Con respecto a mi jefe, ¿cuánto y cómo influye sobre mí su estilo de liderazgo? ¿Qué busco en esa figura? ¿Inspiración, enseñanza, contención, respaldo técnico, integridad moral?

  _____
  _____
  _____
  _____

- ¿En qué medida me representa el rubro donde me desempeño? ¿Despierta en mí orgullo, indiferencia, vergüenza…?

  _____
  _____
  _____
  _____

- ¿Qué opino de los valores de la compañía? ¿Coinciden con los míos? ¿Creo que son sinceros? ¿Me impulsan a superarme?

  _____
  _____
  _____
  _____

- ¿Prefiero la seguridad de la relación de dependencia? ¿Tengo la capacidad de alinear mi proyecto laboral personal con el de una organización, o siento que eso implicará siempre renunciar a mis sueños y aspiraciones? ¿Puedo adecuarme a las estrategias que adopten los dueños o vivo pensando que la mayoría de sus decisiones están equivocadas?

  _____
  _____
  _____
  _____

- ¿Prefiero la libertad de ser un trabajador autónomo? En ese caso, ¿soy capaz de automotivarme y organizarme? ¿Tengo respaldo económico suficiente para sortear una mala racha? ¿Me siento en condiciones de asumir el riesgo que supone cualquier emprendimiento? ¿Tiendo a angustiarme en exceso ante la incertidumbre?

  _____
  _____
  _____
  _____

Estas preguntas constituyen apenas un disparador. Tómese un tiempo para contestarlas. ¿Cuánto? El necesario para hacerlo con franqueza y seriedad. Se trata nada menos que de establecer el punto de partida de su búsqueda actual a partir de conocer cómo es y dónde está usted hoy. Está repensando su futuro profesional, quizás para los próximos diez años. Y aunque con esta búsqueda usted no acceda a su empleo definitivo o al más deseado, probablemente constituya un peldaño que lo posicione en una situación más ventajosa. Por todo esto, bien vale tomarse unas horas para reflexionar.

Estos interrogantes seguramente volverán a planteársele una y otra vez en el transcurso de la vida laboral… y personal. Con el correr de los años, algunos los responderá del mismo modo, porque hablan de cómo es usted en esencia. Otros lo pondrán en contacto con los cambios que ha ido experimentando, de lo que ha aprendido, de lo que ha madurado; es decir, con cómo está usted hoy. En suma, se trata de algunas de las preguntas vitales que nos ayudan a descubrirnos, a construir y a transformar nuestro proyecto personal.

Dos actores en busca de una relación

Décadas atrás existía cierta tendencia conservadora, casi determinista, en cuanto a la orientación laboral. Era habitual que un joven con un padre médico o arquitecto se dedicara también a esa profesión. O los hijos de comerciantes o practicantes de un oficio se incorporaran y siguieran la misma actividad.

Algo análogo sucedía con las carreras que desarrollaban los empleados en las empresas, organismos públicos y demás. Allí el cambio o la movilidad no eran considerados un valor sino un riesgo. Y así, era frecuente incorporarse en una compañía y continuar en ella por muchísimos años. Incluso, quienes ingresaban en un área determinada de una firma (por ejemplo, Ventas o Administración), aun siendo ascendidos y reconocidos con consecuentes aumentos de salario, solían permanecer en sus mismos sectores durante toda su carrera.

Joaquín, responsable de Contaduría de un laboratorio, narra su experiencia de trabajo en el marco de este antiguo modelo de desarrollo de carrera: "Entré a la compañía donde trabajaba mi padre para hacer una pasantía de verano. Por entonces, era común que los hijos de los empleados hicieran prácticas durante las vacaciones. Y nunca más me fui. A medida que avanzaba en la carrera de Contador, fui progresando en la empresa. No me imagino haciendo otra cosa que lo que hago. No sabría qué hacer".

La tendencia a valorar positivamente el mantenerse en una misma empresa y en un mismo sector ha sido modificada no solo por una multiplicidad de factores de contexto sino también por un cambio sustancial en la forma en que los jóvenes definen su vocación y el vínculo que establecen con las organizaciones. Los cambios que las nuevas generaciones introdujeron en el escenario laboral han sido múltiples, variados, globales y, en ocasiones, hasta radicales. Muchos se originan en el modo de relacionarse que caracteriza a los jóvenes de hoy. A propósito, me interesa poner el foco en estas transformaciones.

En la actualidad más que nunca, a la hora de elegir una actividad en la cual desempeñarse, los jóvenes priorizan sus gustos e ideales.[1] Buscan espacios que respondan a sus inquietudes. Y cuando consideran que el trabajo amenaza sus expectativas, van detrás de otro que logre satisfacerlas. Tomás, estudiante de Ciencias de la Comunicación, DJ en sus ratos libres y empleado en un centro de atención de llamadas (*call center*), apunta con respecto a este tema: "Si no me cambian de turno, voy a renunciar. No puedo trabajar de mañana y pasar música en fiestas hasta la madrugada. No quiero cometer el error de mi papá, que vivió para trabajar en vez de trabajar para vivir". La declaración de To-

---

1. [Cfr. con las diversas cohortes descriptas en el Capítulo 1 bajo el título "Distintas generaciones, diferentes demandas".

más quizás resulte del más llano sentido común, un planteo conocido del que no se tiene una opinión definitiva, una visión errónea o una afirmación disparatada. ¿Qué indica esa diversidad de interpretaciones? Que nos encontramos no solo en una época de cambios significativos en cuanto a las expectativas respecto del trabajo, sino ante la coexistencia en el mercado laboral de diversas culturas, condicionadas en buena medida por la edad y la extracción social de quienes las encarnan.

En particular las nuevas generaciones, con sus inquietudes, prioridades y códigos relacionales, propician la construcción una nueva dinámica en los vínculos de trabajo. Donde antes había un evaluador (el empleador) y un evaluado (el trabajador), hoy se relacionan dos actores que buscan activamente aquello que satisfaga sus demandas. Dos individuos que se "evalúan" y deciden, recíprocamente, si se eligen o no. Esto es nuevo. Por supuesto, este *modus operandi* muchas veces se ve amenazado por las restricciones de empleo y por la dificultad en conseguir trabajo, que altera la correlación de fuerzas en la negociación. Sin embargo, cuando en el mercado laboral existe un nivel razonable de empleo, lo que construye el vínculo laboral es, en última instancia, el elegir y el ser elegido.

Esa nueva dinámica relacional determinó que se incorporaran ciertas reglas al escenario laboral. Quizás una de las más importantes sea hoy que, para que se establezca un contrato de trabajo, ambas partes (empresa y empleado) se elijan mutuamente. En tal sentido, resulta ilustrativa la opinión de Andrés, especialista en investigación y desarrollo (I&D) de una empresa petrolera: "Me interesa un empleo con un horario flexible, donde me midan por objetivos y me den libertad de acción".

Por mi experiencia en el campo de los Recursos Humanos, considero que hay que abordar la negociación desde las prioridades e inquietudes propias, tal como lo hacen –creo

179

que con sabiduría– las nuevas generaciones. Con este fin, conviene:

- solicitar toda la información que se estime razonablemente necesaria para poder elegir;
- analizar si la propuesta que nos hacen contribuirá a nuestro futuro bienestar y satisfacción, tanto personal como laboral, e
- identificar cuál es el ámbito que nos permita brillar con aquello que hagamos.

Libertad y mercado

El mercado laboral es, ante todo, un mercado. Y como tal, su dinámica básica es similar a la de cualquier otro: las posibilidades de elegir que tienen quienes ofrecen su trabajo (trabajadores independientes, profesionales, empleados) y quienes lo demandan (empresas, ONG, instituciones y organismos públicos) dependen siempre del volumen relativo de la oferta y la demanda. Cuando la demanda es escasa en proporción a quienes buscan ser contratados, estos últimos verán restringidas las posibilidades de satisfacer sus propias exigencias. Viceversa, cuando la capacidad del trabajador resulta una cualidad difícil de hallar para quienes la necesitan, ese trabajador tendrá un mayor poder para conseguir la compensación deseada.

El derecho a elegir

Lo descripto legitima algo muy importante y que a veces perdemos de vista: nuestro derecho a elegir y no tan solo a ser elegidos. Quien se limite y conforme con ser elegido quedará necesariamente atrapado en solo una actitud reactiva, que tarde o temprano se convertirá en insatisfacción. A propósito, vale la pena recordar una vez más que, en un cálculo conservador, el trabajo nos insumirá alrededor de 40 horas semanales durante unos 30 años. Algo así como

60.000 horas de nuestras vidas. ¿Qué tal si intentamos que no representen una condena sino una oportunidad de sentirnos bien?[2]

La seguridad de estar ejerciendo un derecho lícito nos permite ubicarnos en una posición de confianza respecto de nuestro potencial y capacidades, así como alimentar la certeza de que, en tanto que trabajadores, somos una "muy buena oferta" para el mercado. Esta confianza y esta certeza, que no implica soberbia, nos convierten en el mejor negociador de nuestros intereses.

El testimonio de Marcelo, un carpintero orgulloso de su labor, resulta esclarecedor acerca de cómo el derecho a elegir modifica el escenario a la hora de negociar: "Sé que soy bueno en lo que hago. Trabajo para arquitectos que me llaman para cada obra que tienen porque saben que no les fallo y que mi trabajo es de calidad. Me convocan aunque tengan que esperarme porque siempre estoy sobrepasado. Ellos saben que contratarme a mí vale la pena. Que hace una diferencia. Y a mí me gusta elegir para quién trabajo". Las palabras de Marcelo señalan algo muy importante: él sabe qué tiene de valioso para ofrecer; es decir, cuál es el valor que sus clientes quieren que agregue (cumplimiento y calidad). Marcelo es para esos arquitectos un talento y, por eso, aunque en ocasiones no pueda atenderlos inmediatamente, lo esperan.

Cuando una persona ejerce su derecho de elegir no solo se posiciona en un lugar más ventajoso en la negociación sino que el trabajo de análisis que debe abordar para decidir qué elige y qué descarta hace también que la elección sea mucho más efectiva. ¿A qué nos refiere la noción de "efectividad"? Para la empresa, significa asegurar una mayor compatibilidad entre lo que el postulante desea y lo

---

2. Sugiero al lector que relea lo señalado en el Capítulo 3 bajo el título "Dimensiones de la retribución", en particular, a propósito del desempeño.

que la compañía está ofreciendo; cuando esto ocurre, no debería existir demasiada distancia entre las expectativas del candidato y las realizaciones que puede alcanzar en la organización. Para la persona, la efectividad le otorga más bienestar laboral, más satisfacción y motivación profesional; en la práctica, esto debería redundar en menos desgaste de energía y potenciación de su buen desempeño.

Figura 34. Resultados de un proceso de contratación efectivo.

Como señalan Marcus Buckingham y Donald Clifton, el mayor potencial de crecimiento de una persona se halla en sus principales fortalezas. Por eso, "la verdadera tragedia de la vida no es carecer de fortalezas suficientes, sino no llegar a utilizar las que tenemos".[3] Por eso, no planteo aquí objetivos imposibles. Simplemente destaco la importancia de dotar a las propias acciones de "direccionalidad", a fin de lograr que nuestros talentos no pasen inadvertidos bajo un cono de sombra que los opaque. Como se esboza en los primeros párrafos de este capítulo, cada uno de nosotros es la persona más indicada para establecer qué es lo mejor que puede ofrecer al mercado laboral: cuáles son las fortalezas que convierten a cada uno de nosotros en "la mejor oferta" para el segmento del mercado laboral que ha elegido como blanco o *target*.

---

3. Buckingham, M. y Clifton, D. O.: *Ahora, descubra sus fortalezas. El revolucionario programa para desarrollar sus talentos y los de las personas que dirige.* Norma, Barcelona, 2002.

Sin embargo, así como cada uno de nosotros puede ser el mejor "embajador" o "representante" de sí mismo en tanto oferta de valor para el segmento *target*, también puede convertirse en su principal detractor si es que no se aplica adecuadamente a identificar las propias fortalezas, es decir, aquellos atributos que sustentan nuestra presentación como "la mejor oferta laboral". Para identificar sus fortalezas, sugiero al lector que se tome el tiempo necesario para responder en forma reflexiva el siguiente cuestionario a fin de convertirse en el mejor representante de… ¡usted mismo!

En su infancia:

- ¿Qué respondía cuando le preguntaban qué quería ser cuándo fuera mayor? ¿Qué trabajos, profesiones y oficios le inspiraban más admiración, entusiasmo, curiosidad?

  _____
  _____
  _____
  _____

- ¿Qué tareas le resultaban más fáciles? ¿Las que le exigían mayor concentración, interacción con otros, más creatividad, mayor empeño…?

  _____
  _____
  _____
  _____

- ¿Qué clase de juegos prefería? ¿Los competitivos, los colaborativos, los de ingenio…? ¿Los juegos conocidos o los que se inventaban sobre la marcha?

  _____
  _____
  _____
  _____

- ¿Cumplía con las responsabilidades de su edad? Para hacerlo, ¿se organizaba de manera autónoma o esperaba que un adulto se lo exigiera y lo guiara?

  _____

  _____

  _____

  _____

En la actualidad:

- ¿Qué dicen los otros que usted hace muy bien? Registre todo, no solo las habilidades relacionadas con sus capacidades técnicas o profesionales. Tome en cuenta también habilidades como, por ejemplo, "explicar con sencillez asuntos complejos", "mantener una mirada optimista incluso ante las dificultades", "promover la integración de la gente nueva a grupos preexistentes" y otras similares.

  _____

  _____

  _____

  _____

- ¿Qué cualidades le atribuyen los demás?

  _____

  _____

  _____

  _____

- ¿Cuáles considera sus diez talentos principales?

  _____

  _____

  _____

  _____

- ¿Qué representa o simboliza para usted cada uno de esos talentos?

  _____

  _____

  _____

  _____

- ¿Ha entrenado y cultivado algunos de esos talentos? ¿Dónde, cómo, cuándo? ¿Qué experiencias le resultaron más productivas?

  _____

  _____

  _____

  _____

- ¿A quién o a quiénes hace responsables por los talentos desarrollados? ¿A la naturaleza, su familia, su educación, el medio social en que se mueve…?

  _____

  _____

  _____

  _____

- ¿Culpa a otros por los talentos que no desarrolló? ¿A quiénes? ¿Por qué considera que esas personas fueron un obstáculo?

  _____

  _____

  _____

  _____

- ¿Cuáles son las cosas que más le agradan de este mundo?

  _____

  _____

  _____

  _____

- Según su opinión, ¿qué tipo de situaciones tolera menos?

  _____

  _____

  _____

  _____

Revise sus respuestas. Reflexione sobre ellas. Ahora sí, trate de responderse las siguientes preguntas:

- ¿Qué tipo de trabajo le gustaría hacer? ¿Cuál cree y quiere que sea su principal contribución? Esto apunta a que defina cuál considera que es su misión de acuerdo con lo que considera su propósito central desde el punto de vista laboral.
  - Mi misión es _____

    _____

    _____

- ¿Cuáles son las cosas que más le importan, a las que no quisiera renunciar en una negociación? Aquí se trata de que usted explicite sus principales valores, los principios que guían sus acciones.
  - Mis valores son _____

    _____

    _____

Revisar nuestras creencias

En todo lo que hacemos participan los presupuestos, las perspectivas y las ideas más profundamente arraigadas en nosotros.[4] Estas ideas se alojan en nuestra mente como

---

4. O'Connor, J. y McDermott, I.: *Introducción al pensamiento sistémico. Recursos esenciales para la creatividad y la resolución de problemas.* Ediciones Urano, Barcelona, 1998.

creencias y dirigen nuestros actos. Se trata de modelos mentales que construimos a partir de la experiencia, que dan forma a nuestros pensamientos y nos llevan a esperar determinados resultados.

Algunos modelos mentales nos facilitan la resolución de problemas. Otros, por el contrario, nos limitan y dificultan la existencia porque nos conducen a situaciones de parálisis. Lo llamativo es que en ocasiones, ante una búsqueda laboral, ponemos más énfasis en pensar si nos elegirán o no, o en si seremos seleccionados o rechazados sin reparar o detenernos en la percepción que tenemos de nosotros mismos, nuestra autopercepción. Aquella que, con más frecuencia de lo que quisiéramos, nos juega en contra y boicotea.

Alejandra es un excelente ejemplo de esto. ¿Cómo se convirtió en conferencista? Porque su amigo consultor la incentivó a hacerlo. Hace tan solo ocho años, repetía convencida: "No puedo hablar en público. Soy demasiado tímida para hacerlo. Además, ¿a quién puede interesarle que cuente mis investigaciones de laboratorio?". Hoy, gracias a la mirada de otro, lleva más de cuatro años desempeñándose como una exitosa disertante en congresos internacionales.

Ciertos modelos mentales pueden convertirse en la primera traba para llegar al mercado con nuestra propuesta. ¿Cómo operan? Con frecuencia adoptan la forma de pensamientos sombríos, seguramente familiares para muchos lectores:

- "No voy a poder."
- "Ese trabajo me excede. Seguro."
- "Voy a fallar. Ya me pasó una vez. ¿Por qué sería distinto ahora?"
- "No me van a llamar."
- "Los otros son mejores que yo."

Pensamientos como estos, que limitan y condicionan nuestro actuar, nos predisponen a considerarnos incapaces de alcanzar determinadas metas. Los modelos mentales impactan no solo en la manera en que hablamos, actuamos y nos vinculamos, sino también en cómo nos presentamos ante los demás y en la seguridad con que mostramos y transmitimos nuestros talentos.

Estos modelos están profundamente arraigados en cada uno de nosotros. Hunden sus raíces en nuestra historia personal, en la educación recibida, en el proceso de socialización que atravesamos para aprender a relacionarnos con los demás. Por este motivo, no es fácil combatirlos y erradicarlos. No obstante, resulta posible hacerlos conscientes para, una vez que los hemos identificado, no volver a caer en las trampas que suelen tendernos cuando respondemos a una búsqueda laboral o tenemos que negociar o renegociar nuestro salario.

Por estas razones, invito al lector a detectar los modelos mentales que condicionan su forma de actuar, descubrir si son pensamientos propios o son ideas adquiridas por influencia de otros. Es posible que algunos de estos modelos hayan sido adecuados a la realidad en el pasado, por ejemplo, cuando teníamos menos experiencia o menos formación. ¿Qué indica esto? Que los modelos mentales no surgen espontáneamente ni carecen siempre de asidero real. Pero es preciso estar atentos a detectar cuáles de nuestras creencias que fueron adecuadas en el pasado continúan siéndolo en el presente… y cuáles debemos dejar atrás. Como suele ocurrir con el adolescente que crece tan rápido que muchas veces no se explica por qué su ropa preferida ya no le luce como antes, es necesario que revisemos una y otra vez el "ropaje" de creencias con que nos desenvolvemos en la vida. Este ejercicio, llevado adelante de modo periódico, nos permitirá entender cuáles siguen teniendo vigencia en la propia vida, cuáles es hora de dejar atrás, y decidir en forma consciente si se desea continuar creyendo en esos modelos o dejarlos de lado definitivamente. En suma, todo esto conduce a una elección: a este respecto, también se trata de elegir.

La capacidad potencial de cada persona no solo está delimitada por las posibilidades que ofrece la plaza laboral donde desempeña su tarea. También se define por las trabas que todos y cada uno solemos imponernos. ¿Quién no se ha dicho a sí mismo en alguna ocasión "no voy a poder" y, sin embargo, cuando otra persona remarcó sus capacidades, se sintió capaz de encarar el desafío que no se atrevía a encarar? Identificar los modelos mentales y descartar aquellos que nos ponen en un lugar de desventaja, en cuanto a nuestras capacidades y aspiraciones laborales, implica aceptar la invitación a ir por más; sin caer en pensamientos fantásticos ni actitudes soberbias, sino apoyándonos en las propias fortalezas y dejando de lado todo aquello que impida desplegar todo nuestro potencial.

A propósito de lo expuesto acerca de las creencias y los modelos mentales, un ejercicio interesante consiste en completar el siguiente cuestionario (tantas veces como sea preciso) y releer sus respuestas antes de abordar cada etapa de una negociación laboral.

- Enuncie una creencia arraigada en usted que considere negativa:

  _____
  _____
  _____
  _____

- ¿Cuándo y de qué modo cree que se originó?

  _____
  _____
  _____
  _____

- ¿Esta creencia le resultó útil alguna vez?

  _____
  _____
  _____

- ¿Por qué se volvió un obstáculo?

  _____

  _____

  _____

  _____

- ¿Qué creencia querría que reemplazara a esta? ¿Por qué?

  _____

  _____

  _____

  _____

Pensar estratégicamente

Toda decisión laboral se adopta en el marco de una perspectiva temporal, seamos conscientes de ello o no. Cambiar de empleo, renegociar un salario, solicitar una promoción, entre otras, son acciones realizadas para tener efectos en el corto, mediano y largo plazo; esto, aunque la observación parezca trivial, no siempre se tiene en cuenta en la práctica.

El primer paso hacia la decisión más adecuada consiste en reflexionar acerca de las consecuencias de la elección. En tal sentido, resulta imprescindible evitar tanto dar prioridad a las consecuencias inmediatas como pensar exclusivamente en un futuro más o menos lejano. Este fenómeno se observa con frecuencia. Por ejemplo, en el área de la informática, muchos jóvenes estudiantes de carreras afines se encuentran ante ofertas laborales extraordinariamente tentadoras... para un soltero joven. Esto alienta a que, debido al compromiso asumido con su empleo, vayan desatendiendo sus estudios y, en algunos casos, los abandonen. "¿Para qué necesito graduarme si tengo un buen empleo?" La pregunta es tramposa porque omite un dato clave: ese joven tiene un empleo que es bueno... ahora. ¿Qué sucederá el día en

190

que decida formar una familia, convertirse en *Senior,* acceder a posiciones de liderazgo, ganar un salario adecuado a sus nuevos compromisos y aspiraciones personales? En cambio, si planificamos nuestra carrera laboral incluyendo aquello que queremos llegar a ser, lo que soñamos para nuestro futuro, la meta que queremos alcanzar, el pensamiento se torna estratégico. Busca lo necesario para seguir ese rumbo, elige según la conveniencia actual y futura.

Un camino largo y sinuoso

La expectativa de vida crece de manera sostenida desde hace décadas. Por su parte, los avances en la medicina han modificado sensiblemente la calidad de vida de todos, en particular, de los adultos y personas mayores. Desde el punto de vista productivo, esto impacta en la composición de la Población Económicamente Activa (PEA) de la mayoría de los países del mundo.

La prolongación de la vida laboral importa muchas y variadas consecuencias, principalmente, porque nos obliga a transitar un camino largo y sinuoso, como el título de la canción de Paul McCartney. Entre tantas, quisiera destacar dos. La primera es que la mayor "longevidad laboral" incrementa y agudiza la competencia: más personas, con calificaciones variadas, disputan puestos de trabajo que no siempre se multiplican al mismo ritmo que la cantidad de postulantes a ocuparlos. La segunda es que, cuando la trayectoria laboral se extiende en el tiempo, se torna más difícil fijar metas estratégicas inmodificables a largo plazo. Por el contrario, los cambios frecuentes y profundos de contexto obligan a revisar de manera periódica y sistemática las decisiones a mediano y largo plazo y, en muchos casos, a reformular, transformar y relanzar la propia carrera laboral. Cada vez más los proyectos laborales describen un camino largo y sinuoso. De nosotros depende, en buena medida, que ese trayecto nos provea el alimento necesario para crecer y prosperar como trabajadores y, sobre todo, como personas.

Desde luego, es necesario también saber administrar el corto plazo. Hay situaciones en las cuales la decisión estratégica puede no tener una conexión lineal y obvia con la elección táctica a corto plazo. Incluso, hasta podría parecer para quien nos observara que hemos cambiado de planes. Y aunque nadie discutiría con el geómetra que la línea recta es la distancia más corta entre dos puntos, ningún baquiano se empecinaría en aferrarse a ese principio para alcanzar con éxito su destino. Muchas veces un trabajo se elige apenas para salir de cierta inercia o para atender una urgencia económica, no porque sea el empleo soñado, buscado o más adecuado. Así, tomar circunstancialmente un desvío no significa que hayamos renunciado a volver cuando sea oportuno a la autopista que nos conducirá al destino elegido.

En definitiva, toda decisión exige perspectiva para poder detectar alternativas, a veces para ver algo que está más allá de lo que aparece en primer plano sobre la mesa de negociación, y a veces para no desaprovechar una oportunidad inmediata sin por eso olvidar el rumbo fijado. El secreto es comportarnos como "arquitectos", al diseñar nuestra carrera y elegir con criterio la mejor alternativa disponible en cada caso.

Somos un producto que merece ser mostrado

Nuestro valor como "oferta" se materializa cuando somos capaces de mostrar lo que tenemos para ofrecer, nuestro potencial y la "promesa" que constituimos para el mercado. No importa solamente nuestra inteligencia, capacidad o trayectoria, sino también la habilidad para llegar con nuestro mensaje a aquellos que pueden ser potenciales interesados.

Con tal propósito, resulta de utilidad tener "visibilidad" en el mercado. La manera de "ser visibles", de "mostrarnos" en el buen sentido de la palabra, depende de las características de nuestro oficio, rubro o profesión. En la actualidad, las tecnologías de la información y la comunicación (TIC o

IT, siglas correspondientes a *information technology*) resultan de enorme ayuda para construir visibilidad y sostenerla a largo plazo, ya que aun cuando estemos empleados y parezca que no lo necesitamos, es necesario seguir alimentando la visibilidad de nuestra presencia a fin de lograr promociones y un mejor escenario desde el cual iniciar cualquier negociación o renegociación, laboral o salarial.

De esta forma, nuestra empleabilidad –definida como el atractivo de una persona para el mercado laboral– se alimenta también de nuestro talento para mostrarnos, para construir alianzas profesionales, para generar vínculos con colegas o asociaciones; en fin, para estar presentes en la mente de nuestros potenciales "consumidores". Para ello, debemos analizar cuál es el mejor vehículo para estar activo en el mercado, más allá de nuestra situación laboral.

"Cualquier semejanza con hechos reales…"

Este capítulo se propone acercar conceptos y herramientas a las personas que deben negociar o renegociar su salario. Considero que una buena manera de colaborar a una exitosa resolución de esta instancia es compartir con el lector casos concretos que sirvan como ejercicio para pensar y reflexionar en cada situación cuál sería la mejor manera de lograr el cometido: negociar la compensación en forma inteligente. Por eso, a modo de ejercicio previo al análisis y la resolución de su propio caso, le propongo que se ejercite con las siguientes historias de trabajadores en situación de búsqueda y negociación laboral.

Maricarmen

Tiene 38 años. Vive en Madrid, España. Está casada y tiene dos hijos, de 6 y 2 años.

Es secretaria ejecutiva bilingüe y está buscando volver a trabajar después de cinco años dedicados a la crianza de sus hijos. Dado que el mercado está muy deprimido, la negociación se ha tornado para ella –y para todos– una situación difícil.

Como su marido trabaja en forma independiente, sus ingresos son muy variables. Por eso, Maricarmen aspira a una remuneración fija que le dé seguridad para afrontar sus obligaciones, las más acuciantes, la hipoteca de su vivienda y el servicio social privado. Además, quisiera actualizarse profesionalmente, sobre todo en herramientas virtuales de gestión y comunicación, imprescindibles para una secretaria competente.

Si usted fuera Maricarmen:

- ¿Cuál consideraría su argumento más fuerte para convencer a un potencial empleador para que la contrate?

  _____

  _____

  _____

  _____

- ¿Qué pretensiones priorizaría en una eventual negociación laboral? Explíquese por qué.

  _____

  _____

  _____

  _____

Francisco

Tiene 18 años y vive en Buenos Aires, Argentina, con su madre y dos hermanos mayores. Estudia periodismo, pero no tiene experiencia aún.

Francisco busca ingresar a un mercado de empleo donde las oportunidades laborales para los "sin experiencia" son muy escasas. Sería ideal para él trabajar en temas relacionados con su estudio, pero reconoce que es muy difícil acceder a un puesto de esas características. Necesita un ingreso fijo para pagar sus gastos y sus vacaciones, pero el horario no debe ser un obstáculo para sus estudios.

Si usted fuera Francisco:

* ¿Priorizaría conseguir un trabajo relacionado con sus estudios o conveniente por el horario? Explique su decisión desde el punto de vista estratégico.

Félix

Tiene 48 años y reside en Querétaro, México. Es jefe de Sistemas en una empresa que utiliza SAP para el manejo de todas sus aplicaciones. Tiene más de veinte años de experiencia en su especialidad. Trabaja en un mercado de alta tecnología con gran demanda de profesionales calificados y, por eso, ha sido tentado por varias empresas que utilizan la misma herramienta para trabajar en proyectos de desarrollo de sistemas.

La compañía donde trabaja actualmente incorporó a un nuevo gerente de Tecnología, posición que –a criterio de Félix– le correspondía a él. Esa promoción hubiera significado acceder a un nivel salarial diferente y a ciertos beneficios reservados para esa jerarquía (por ejemplo, un automóvil de la empresa, algo que Félix valora mucho). Además, le preocupa cómo negociar vacaciones adicionales al mes que le corresponde actualmente por la antigüedad que tiene en la compañía. Quiere quedarse en Querétaro porque es una de las ciudades más seguras para vivir en México, pero...

Si usted fuera Félix:

- ¿Realizaría alguna clase de planteo, consulta o reclamo en relación con la incorporación que bloqueó –al menos, por ahora– su promoción?
    - En caso afirmativo, intente formularlo por escrito:

    _____

    _____

    _____

    _____

    - En caso negativo, ¿qué temperamento adoptaría de ahora en más?

    _____

    _____

    _____

    _____

Mariano

Tiene 62 años, vive en Santiago, Chile. Divorciado, se encuentra nuevamente en pareja. Es padre de dos hijos, ya casados.

Ha desarrollado la mayoría de su trayectoria profesional en un laboratorio de especialidades medicinales de capitales estadounidenses. Ocupó puestos en el área comercial como visitador médico, jefe Regional y gerente Nacional de Ventas. Tras 25 años de servicio, la empresa hizo una reestructuración y perdió su empleo con una muy buena indemnización.

Mariano busca mantener su actividad profesional hasta el momento de su jubilación ya que de eso depende lo que cobrará mensualmente una vez que se retire. Además, está armando un emprendimiento personal, para continuarlo incluso después de dejar su trabajo en relación de dependencia. Se siente joven y busca un desafío intelectual que lo entusiasme.

Si usted fuera Mariano:

*   ¿Cuál consideraría que es su hándicap para que una organización lo contrate?

    _____
    _____
    _____
    _____

*   ¿Qué argumentos esgrimiría en una negociación contractual para salvarlo?

    _____
    _____
    _____
    _____

Raquel

Tiene 35 años, vive en Caracas, Venezuela. Está casada y tiene tres hijos.

Doctora en medicina con especialidad en genética, cursó un posgrado en los Estados Unidos y se graduó con honores. Trabaja desde hace cinco años en la empresa de marroquinería perteneciente a su familia, muy sólida tanto económica como financieramente. Fundada por su padre hace cincuenta años, la firma cuenta con un prestigio importante basado en la calidad de sus productos y el compromiso asumido en el servicio al cliente.

Raquel es hija única y su padre está pensando en dejarle la empresa ya que no se encuentra bien de salud para continuar él a cargo del negocio. Aunque ella no tiene problemas económicos, su rol en la empresa familiar no representa un desafío profesional ni guarda relación alguna con su formación académica. Su deseo es acceder a una posición afín con sus estudios.

Si usted fuera Raquel:

- ¿Qué conflictos, actuales o potenciales, hallaría en esta situación de sucesión?

  _____
  _____
  _____
  _____

- ¿Qué decisión estratégica personal adoptaría y sobre qué fundamentos?

  _____
  _____
  _____
  _____

Conozca su relación con el riesgo

Los trabajos poco o nada desafiantes son, de alguna manera, "confortables": no encierran sorpresas, no nos exigen resolver imprevistos. Ni siquiera debemos preocuparnos por la aparición de problemas porque, si la tarea eventualmente los ofreciera, la experiencia ya nos habrá entrenado para resolverlos. En suma, un trabajo de estas características supone no asumir riesgo alguno.

¿Qué es el riesgo? Es la imposibilidad de conocer de antemano y con certeza el resultado que tendrá una acción. Un caso típico es el vendedor que, como parte de su remuneración, percibe comisiones sobre las operaciones que realiza. El vendedor solo sabrá a ciencia cierta cuánto percibirá una vez que haya hecho su trabajo. Antes de eso solo podrá tener una proyección del resultado probable.

En el plano laboral, los riesgos pueden adoptar distintas formas. Aceptar una promoción es asumir un riesgo, porque hasta no desempeñarla no sabremos efectivamente qué resultados obtendremos. Algo similar ocurre cuando cambiamos de empleo. El tipo de tareas implicado en el ejercicio de una posición puede suponer también riesgos, y "resolver problemas" es el nombre genérico más común que damos a la función "encarar lo imprevisto". Aquí vale la pena señalar que no solo el Chief Executive Manager (CEO) resuelve problemas. También lo hacen el supervisor del equipo de Mantenimiento, un gerente de área y hasta las telefonistas cada vez que deben inventar una excusa creíble para que su jefe evada una llamada.

Con frecuencia, el nivel de remuneración y el riesgo asociado al desempeño de una función es proporcional. ¿Por qué? Porque lidiar con el riesgo exige más conocimiento, más experiencia y ciertas habilidades personales no siempre corrientes, entre otras, espíritu innovador, creatividad, templanza y liderazgo.

Dicho esto, lo invito a que relea las respuestas que ha dado en este último capítulo así como las que escribió al finalizar el anterior y reflexione:

¿Qué clase de riesgos se siente capaz de asumir o considera aceptables en relación con la remuneración?	

¿Qué conocimientos y habilidades considera que tiene para asumir riesgos?	

SEGUNDA PARTE

LA BÚSQUEDA DE LA NEGOCIACIÓN SATISFACTORIA

CAPÍTULO 8

EL MOMENTO DE LA VERDAD

Por Verónica Piasco

Si el lector siguió el recorrido que este libro le propuso, habrá llegado hasta aquí teniendo bastante claro qué desea hacer, con quiénes compite, cuáles son sus habilidades y destrezas destacadas, y cómo está el mercado. El siguiente paso, entonces, es la negociación: el momento de hacerse valer y sacar el mejor provecho del esfuerzo y empeño que pone en su trabajo. ¿Cómo abordar una negociación exitosa? De eso hablan las próximas páginas.

El salario representa la retribución por aquello que hacemos, la materialización del valor de nuestro trabajo, la cuantificación de lo que el otro está dispuesto a pagarnos por él. El salario es más que la moneda de cambio que nos permite vivir como vivimos. Es mucho más que eso. Simboliza de algún modo nuestra valía, impacta en la autoestima, contribuye o no a nuestra satisfacción, nos posibilita hacer realidad la vida que queremos llevar. Por estas y otras razones, la negociación del salario se desliza fácilmente hacia un terreno en que se pierde la objetividad, y las emociones cobran protagonismo. Prever y contener los sentimientos que puedan obstaculizar el proceso de negociación es una condición necesaria para llevarlo a buen puerto.

Este libro aspira a contribuir con usted en el momento de negociar su salario, una tarea que –bien se sabe– no es fácil. Sin embargo, la experiencia demuestra que existen algunos lineamientos que, aplicados de la manera correcta, incrementan nuestra eficacia. Hay mucho material escrito dedicado a "la negociación". Numerosos estudiosos hablan del tema. Por eso, no voy a centrarme en convertir al lector en un especialista en la materia; pero sí me parece importante hablar de la estrategia necesaria para abordar esta instancia y de cómo planificarla. Para ello, daré una serie de recomendaciones que, más que consejos, pretenden ser una ayuda memoria para este punto de inflexión en cuando a la remuneración.

El lector puede tener miles de razones y argumentos por los cuales aspirar a un puesto de trabajo, pide un cambio de condiciones salariales o desea una reformulación del paquete remuneratorio. Pero por más válidos que sean estos argumentos, el éxito o fracaso de la gestión dependerá de cómo se jueguen esas cartas. Por eso, este capítulo se titula "El momento de la verdad".

Yo quiero

Lo primero que demanda un proceso de negociación es que tengamos bien en claro qué esperamos conseguir. Para eso, lo mejor es tratar de imaginar –con el mayor grado de detalle que nos sea posible– cuál sería nuestra visión del éxito: el resultado de la negociación que nos dejaría completamente satisfechos. Este es el momento de pensar en grande, de explicitar todas aquellas cosas que son de valor para nosotros. Conviene tomar en cuenta que no se trata solo del salario sino de la compensación total; es decir, de la suma del dinero fijo y variable más los beneficios.

¿Cómo asegurarnos la construcción de esa "foto del éxito" sin olvidarnos de considerar algún aspecto relevante? A continuación, ofrezco al lector algunas preguntas que lo orientarán. Es probable que, al leerlas, puedan parecer demasiadas pretensiones, imposibles de ser satisfechas por empleo alguno. Quizás algún lector se pregunte si soy consciente de las limitaciones que el contexto suele imponer, como las búsquedas restringidas a ciertas franjas etarias ("analista contable de 24 a 35 años"), los índices de desempleo (por lo general, sensiblemente diferentes entre quienes son considerados talentos y quienes no), o las coyunturas económicas, jurídicas o políticas (inflación, restricciones a las importaciones o las exportaciones, inminencia de un recambio de gobierno, y otras similares). No me olvido de estos y otros factores que impactan sobre el mercado del empleo. En absoluto. Pero cuando trate de pensar en aquello que usted desea alcanzar, no se imponga las restricciones de la realidad. Si no nos consideramos merecedores de aquello a lo que aspiramos, difícilmente otros puedan hacerlo.

En general, con respecto a mi trabajo...

¿Qué compensación satisfaría mi presupuesto, incluyendo mis necesidades económicas y mis aspiraciones de ahorro?

_____

¿Qué horario estoy dispuesto a cubrir?
¿Necesito que sea flexible?

_____

¿Cuánto tiempo estoy dispuesto a viajar diariamente para ir y volver de mi empleo?

_____

¿Qué comodidades o facilidades espero de mi lugar de trabajo? (comedor en planta, guardería, acceso a equipamiento tecnológico, etc.)

_____

¿Busco un rubro o actividad que represente mis valores personales, que responda a mis intereses vocacionales o, simplemente, que me dé dinero?

_____

Figura 35. Aspiraciones laborales (I).

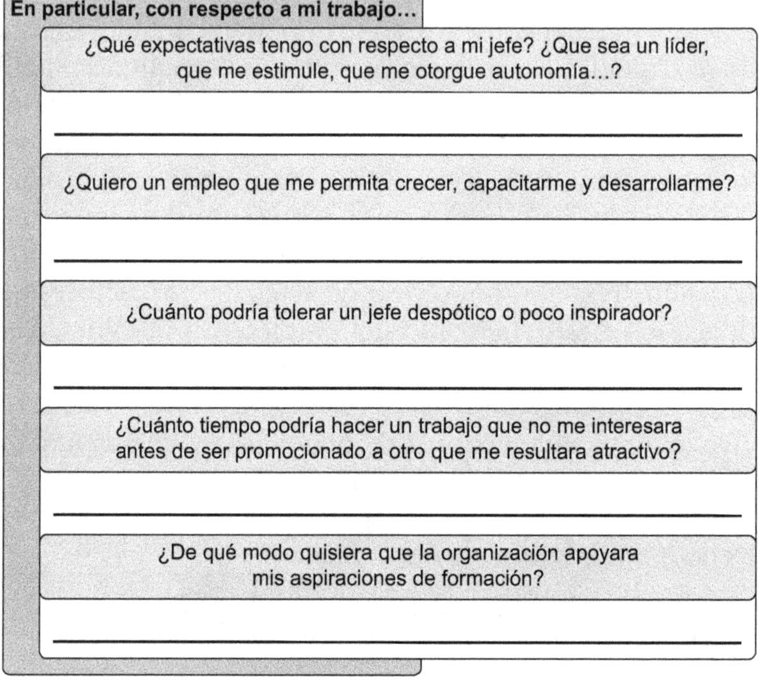

En particular, con respecto a mi trabajo...

¿Qué expectativas tengo con respecto a mi jefe? ¿Que sea un líder, que me estimule, que me otorgue autonomía...?

_____

¿Quiero un empleo que me permita crecer, capacitarme y desarrollarme?

_____

¿Cuánto podría tolerar un jefe despótico o poco inspirador?

_____

¿Cuánto tiempo podría hacer un trabajo que no me interesara antes de ser promocionado a otro que me resultara atractivo?

_____

¿De qué modo quisiera que la organización apoyara mis aspiraciones de formación?

_____

Figura 36. Aspiraciones laborales (II).

Este "animarse a soñar" está inspirado en un muy realista ejercicio básico de planeamiento. ¿En qué consiste? En empezar por soñar para después identificar qué aspectos de ese sueño son viables. La ventaja de proceder así es que nos permite saber con claridad cuál es nuestro deseo para más tarde, _vis-à-vis_ con nuestra situación personal y la del mercado laboral en que estamos insertos, determinar qué debemos –o estamos dispuestos a– postergar en el corto, mediano o largo plazo, y qué no queremos negociar.

Yo sé, yo soy

No es propósito de este libro incursionar en la autoayuda. Pero si usted quiere ser valorado, retribuido por aquello que logró generar, lo primero y fundamental es creer que tiene algo que el mercado está necesitando y que lo convierte en un recurso humano particularmente especial. ¿Por qué enfatizo esta idea? Porque nadie podrá pagarle por cualidades que usted mismo no sea capaz de apreciar.

Una vez que tenga claras sus expectativas, lo invito a que elabore una lista con todas las cualidades que tiene para ofrecer y que lo distinguen. Es decir, que explicite cuáles son sus atributos diferenciadores y los motivos que lo llevan a postularse para un trabajo, pedir un aumento de sueldo, solicitar un ascenso, aspirar a una capacitación o lo que se haya propuesto conseguir mediante la negociación. Intente construir así el único razonamiento que vaya a atraer a su empleador y motivar su deseo de negociar: ¿qué tiene usted de valioso para la contraparte? El formulario de la página siguiente podría ayudarlo a encontrar los argumentos.

Antes de empezar cualquier movimiento relacionado con la negociación, intente responderse la pregunta central: "¿Por qué deberían concederme X a mí?". Obviamente, "X" representa aquello que será el objeto de negociación. Recuerde que aún el más humilde de los mortales tiene un aporte especial para ofrecer.

Comparemos notas. Este ejercicio que propongo bajo el título "Yo sé, yo soy" es un autoexamen, y como tal requiere que lo revisemos a fin de prevenir –tanto como sea posible– distorsiones surgidas de una visión demasiado autocomplaciente o de una mirada desmesuradamente autoexigente. Para corregir estos desvíos es necesario buscar aliados externos. ¿Quiénes califican como tales? Todos aquellos que nos conocen bien y pueden opinar sobre nosotros: compañeros de trabajo, jefes, clientes. ¿Quiénes no califican? Todo aquel que no pueda separar sus observaciones de los sentimientos (positivos o negativos) hacia nosotros.

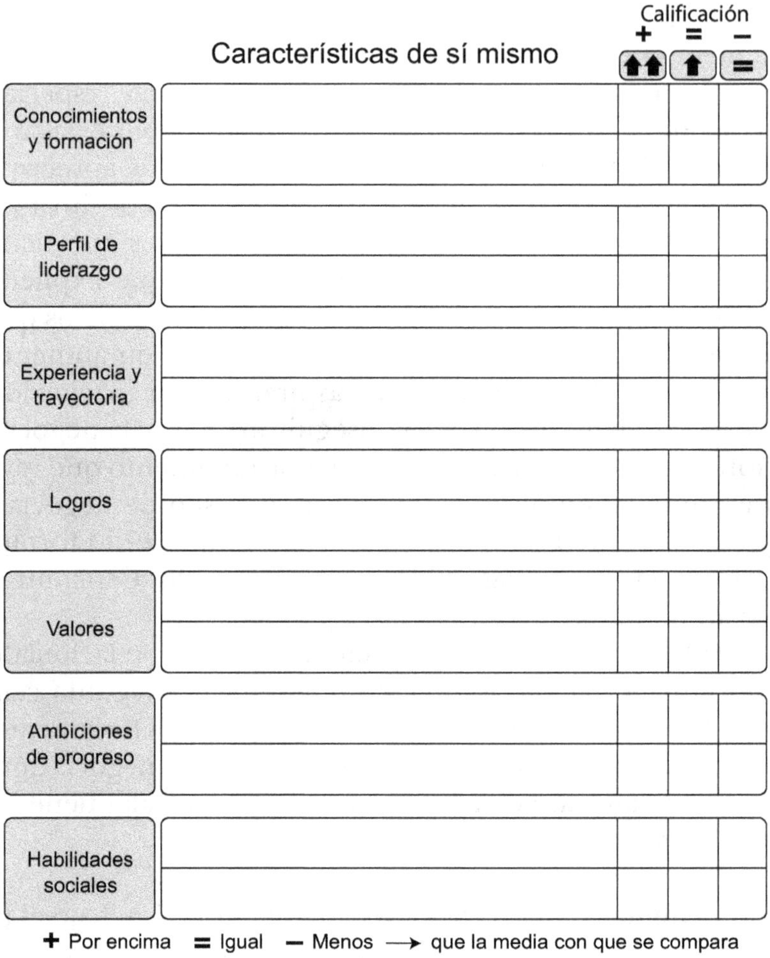

Características de sí mismo	Calificación + = − ⬆⬆ ⬆ =		
Conocimientos y formación			
Perfil de liderazgo			
Experiencia y trayectoria			
Logros			
Valores			
Ambiciones de progreso			
Habilidades sociales			

✛ Por encima   ═ Igual   — Menos ⟶ que la media con que se compara

Figura 37. Perfil laboral.

Conocer a la contraparte

En cualquier negociación, si desea que lo consideren, lo primero y principal es que se interese por saber a qué organización se está dirigiendo y con quien está negociando.

¿Qué información es imprescindible? Respecto de la organización, su historia, antecedentes, rubro, productos y servicios, competidores, situación económica y financiera, reputación en el mercado, cultura organizacional (valores, creencias, costumbres y similares), ambiente de trabajo (competitivo, colaborativo, etcétera), lugar de trabajo (ubicación geográfica, comodidades, diseño), políticas de la compañía y paquetes de beneficios.

Hoy en día contamos con muchas alternativas para conseguir esta información. Repase sus contactos y piense quiénes podrían proveerle datos relevantes. Navegue en Internet. Visite la página web de la compañía, busque información de prensa y, sobre todo, opiniones de empleados, ex empleados, proveedores y clientes. Todos estos datos le servirán para enmarcar cualquier negociación porque le permitirán posicionarse mucho mejor frente a su contraparte. Además, demostrar que nos hemos preocupado por conocer con quién estamos dialogando es una forma de expresar interés y empatía, actitudes que suelen predisponer de modo positivo a la mayoría de los interlocutores. Por otro lado, el camino que se recorre para reunir esa información nos va ayudando a analizar nuestras posibilidades, a acercarnos mentalmente a la oportunidad de trabajo, y a visualizarnos como un posible candidato o merecedor de un beneficio o de un incremento salarial.

La perspectiva correcta

Que el árbol no impida ver el bosque. Para evaluar cualquier proceso de negociación es necesario hallar la perspectiva correcta. Toda negociación debe inscribirse y valorarse en su proyección temporal: a esto me refería en el Capítulo 7, "Momento de introspección", cuando lo invitaba a pensar estratégicamente. Así, algunas negociaciones, aunque no tengan el resultado inmediato y concreto esperado, tienen un valor clave porque dejan planeada o instalan una conversación; por ejemplo, acerca del deseo de crecimiento, de sus planes profesionales, su interés en acceder a ciertos beneficios (teletrabajo, horario flexible, guardería, etcétera).

Por supuesto, la mirada a mediano o largo plazo es muy importante, pero no lo es todo. Un salario insuficiente para atender nuestras necesidades básicas de hoy no se resuelve con una promesa de aumento para cuando las finanzas de la empresa mejoren. Quien se encuentre desempleado, por lo general, se sentirá más o menos apremiado según cuánto tiempo pueda permanecer sin reubicarse, cuánto tiempo pueda mantenerse con sus ahorros y –muy importante– según cuánto pueda dominar el impacto anímico de estar sin trabajo.

En suma: tomar perspectiva de la situación permite pensar con mayor objetividad la propuesta, y concentrarse en la propia realidad sin dejarse perturbar por emociones que pudieran afectar y quitar claridad al proceso de decisión.

Elección y templanza

La forma en que una persona negocia también habla de ella. Por lo tanto, ser paciente, no desesperarse y desarrollar el temple para respetar el *tempo* de la negociación, el que esta necesita para madurar, son virtudes que conviene cultivar.

¿Cómo lograr ese aplomo? No se alcanza espontáneamente sino como producto de un proceso previo para la negociación. Ese proceso consiste, por una parte, en reconocer y establecer qué queremos, qué no estamos dispuestos a negociar y qué consideramos inaceptable; y, por otra, cuáles son los puntos en que podemos ser flexibles y mantener una actitud abierta hacia evaluar posibilidades no previstas. La desesperación no suele ser una buena consejera y, para evitarla, debemos tomarnos este trabajo.

En este punto, conviene hacer un señalamiento importante. Si en vísperas de una negociación no nos es posible

EL MOMENTO DE LA VERDAD

idear un "plan B" –esto es, un curso de acción alternativo para el caso de que el acuerdo fracase–, debemos interpretar esto como una señal inequívoca de que no estamos negociando. La negociación supone siempre la existencia de alternativas para ambas partes. Se negocia cuando se puede elegir entre alternativas flexibles, aunque sea mínimamente. Puede tratarse de una elección circunstancial o definitiva, de relativa importancia o trascendental, de impacto inmediato o en el mediano o largo plazo; todo depende de qué se ponga en juego. Pero si la elección que se nos ofrece (u ofrecemos) es un "tómalo o déjalo", no hay negociación sino que se informa una decisión unilateral.

Armar el rompecabezas y evaluar mis opciones

Con este fin, puede emplearse una herramienta bastante conocida en el mundo empresarial que permite analizar la situación propia frente al mercado y los competidores. Se trata de la matriz FODA (sigla correspondiente a Fortalezas, Oportunidades, Debilidades y Amenazas). Sencilla, la matriz permite identificar y organizar información clave que servirá como punto de partida para adoptar decisiones, por ejemplo, para decidir qué y cómo puede negociarse.

Mientras que las fortalezas y las debilidades refieren a características propias del sujeto bajo análisis, las oportunidades y las amenazas señalan factores externos a él. Realizar este análisis a conciencia permite diagnosticar:

- cómo se está posicionado frente al trabajo que es objeto de la negociación;
- cuáles son las debilidades que requieren atención;
- aprovechar las oportunidades detectadas a partir de la explotación de las fortalezas, y
- adoptar decisiones orientadas a neutralizar o morigerar las amenazas.

211

A continuación, lo invito a sistematizar y completar la información que habrá ido elaborando si siguió las actividades propuestas en este capítulo. Es decir, le propongo que pongamos las piezas del rompecabezas en su lugar, e identifiquemos y agreguemos las que falten.

Fortalezas y debilidades. Aquí se relevan las características personales que se estima pueden favorecernos o desfavorecernos en la negociación. Se trata ni más ni menos que de traer y completar su "Yo sé, yo soy" (cfr. *ut supra*).

Es muy (muy) importante darse cuenta de que las personas tenemos un sinnúmero de características que, consideradas en sí mismas, no son ni buenas ni malas, es decir, no representan ni fortalezas ni debilidades. Un ejemplo típico de esto es la edad. ¿Es una ventaja o un *handicap* tener 45 años? Depende. Depende respecto de qué se la evalúe. Para un puesto directivo en una organización de enseñanza, probablemente constituya una fortaleza. Para aspirar a una pasantía en un programa de jóvenes profesionales, un obstáculo insalvable.

Entre las fortalezas y las debilidades se cuentan características personales que pueden establecerse de manera muy clara y definida; por ejemplo, la ya mencionada edad, tener un grado universitario, años de experiencia en una posición, disponibilidad horaria, dominio de un idioma, etcétera. Otras, en cambio, resultan algo más difíciles de identificar o precisar pero no por eso son menos relevantes. ¿Ejemplos? La iniciativa, el grado de autonomía, la capacidad de gestión, la irascibilidad… y hasta los buenos modales. Estos atributos no se autoperciben siempre con claridad y, por eso, a veces los amigos y compañeros de trabajo pueden ayudarnos a identificarlos. Al respecto, conviene agregar algo. Cada vez más los empleadores toman conciencia o consideran que estos atributos más "inasibles", más elusivos a la medición y la certificación (no hay título de buenhumorado ni de simpatía) resultan con frecuencia mucho más importantes que ciertos estudios o conocimientos: es infinitamente más sencillo enseñarle a una recepcionista a manejar un nuevo *software* para la gestión de las comunicaciones internas que cultivar en ella la cordialidad.

Algunas preguntas que permiten detectar fortalezas y debilidades apuntan a identificar sus talentos naturales, sus pasiones y sus rasgos destacados, así como sus puntos flojos, sus dificultades, y lo que afecta su rendimiento y competitividad.

Oportunidades y amenazas. No son cualidades del sujeto bajo análisis sino del contexto en que se encuentra inserto; es decir, no son atributos suyos sino del entorno que lo rodea. Aquí conviene tener en cuenta las oportunidades y amenazas vinculadas con tres factores principales:

*   la contraparte en la negociación, es decir, con quién estamos negociando;
*   nuestros competidores respecto de esa contraparte; y
*   el entorno en que se desarrolla la negociación.

Con respecto a la contraparte y los competidores, las oportunidades y las amenazas surgirán con claridad si se ha hecho un buen trabajo de búsqueda de antecedentes e información (cfr. "Conocer a la contraparte", también ya comentado). En cuanto al entorno, en él tallan factores que guardan un vínculo indirecto con el objeto de la negociación como –solo como ejemplo– el marco jurídico vigente o la moda. Una ley que fomente la contratación de cierta clase de personas (jóvenes, personas de determinado género o con capacidades especiales), un cambio de hábitos en ciertos círculos (como el recurso a los *wedding planners* por parte de públicos impensados hasta hace unos pocos años), la inminencia de un evento de trascendencia social (el cam-

213

peonato mundial de un deporte popular) y otras circunstancias similares podrían facilitar o entorpecer el desarrollo de una negociación, desde luego, según de qué se trate.

Las preguntas para identificar oportunidades y amenazas se orientan principalmente hacia el diagnóstico del mercado de empleo en el que nos desenvolvemos (o buscamos ingresar), a determinar la solidez de la organización de nuestro interés o el impacto que una negociación podría tener en nuestra relación con la/s persona/s que representa/n a la contraparte.

Elabore su matriz FODA

Fortalezas	Debilidades

Oportunidades	Amenazas

CAPÍTULO 9

UN CASO PARTICULAR:
LA NEGOCIACIÓN DE INGRESO

Empezar a trabajar y cambiar de trabajo constituyen acciones de fortísimo impacto. Pueden cambiar de múltiples maneras nuestros proyectos personales y profesionales tanto como el vínculo con nuestros afectos inmediatos. Por eso, y por el cada vez mayor nivel de competencia existente, el ingreso al mercado laboral y los cambios de empleo son abordados muchas veces con temor e incertidumbre. Y si bien esto es natural (muy natural), debemos evitar quedar atrapados en ese estado. ¿Cómo? Adquiriendo las herramientas necesarias para enfrentar estas circunstancias del modo más inteligente posible. A esto me referiré ahora.

El ingreso al mercado laboral, ya sea por primera vez o por un deseo de cambio de trabajo, puede llegar a convertirse en uno de los hitos más importantes en la vida de una persona. En algunos casos, se trata del cumplimiento de aquello que ambicionamos tras años de estudios y preparación. En otros, es el primer paso de un viraje de trayectoria que modifica, incluso por completo, lo que habíamos imaginado para nuestro desarrollo profesional. Un nuevo empleo determinará no solo qué hacemos de lunes a viernes, también puede incidir en cuestiones tan variadas como nuestro lugar de residencia, nivel de vida, el vínculo con nuestra familia, la posibilidad de viajar, y hasta nuestros amigos y afectos.

En este capítulo, trato algunos de los principales puntos a tener en cuenta durante una negociación de ingreso. Además, presento al lector el caso de Valentina, una flamante licenciada en Administración de Empresas que enfrenta el

desafío de llevar adelante una búsqueda laboral relacionada con su recién logrado título universitario.

Antes de la entrevista

Verónica Piasco ya se refirió a esta etapa en el capítulo anterior, a propósito de buscar información y antecedentes del
potencial futuro empleador. Sin embargo, quisiera agregar
tres sugerencias.

Defina cuál es la información crítica. Haga una lista donde fije
cuál es la información crítica que desea obtener en la entrevista; es decir, identifique los datos que estime imprescindibles
para tomar una decisión. En qué consiste esa información depende de cada postulante. Para algunos, el horario o las facilidades en el caso de los estudiantes serán asuntos principales.
Para otros, la cobertura médica o el tipo de infraestructura
que ofrezca la organización para llevar adelante el trabajo. No
es posible establecer una lista de control de validez universal.
¿Hay algún único consejo que les sirva a todos? Deténgase a
pensar qué es valioso para usted... aun cuando se mantenga
abierto a escuchar propuestas que no había previsto.

Prepárese para la entrevista. Dedique a esto el tiempo que
sea necesario; recuerde que nunca tendrá una segunda
posibilidad de dar una buena primera impresión a la misma persona. Por lo tanto, no desperdicie la oportunidad.
Tomando como punto de partida la matriz FODA que ela-
boró según el capítulo anterior, piense qué información
quisiera asegurarse de transmitir. Y también identifique
qué preguntas podrían resultarle incómodas, por ejemplo, por qué trabajó tan poco tiempo en tal organización
o a qué se debe la demora en obtener su grado universitario. Pensar esto de antemano le permitirá elaborar la
respuesta conveniente.

Entre estos aprontes previos a la entrevista, no olvide incluir la elección de la vestimenta adecuada a lo que haya averiguado sobre la cultura de la organización y a la posición a la que aspira. Cuide su aspecto y prolijidad considerando los códigos explícitos o tácitos del lugar al que nos estamos postulando. Un atuendo decididamente informal y hasta algo desaliñado puede resultar ideal para quien se postule como asistente de una banda de rock... pero poco afortunado para el aspirante a la gerencia de Finanzas de un banco internacional.

Algo más. Si bien la entrevista tiene un tiempo y un espacio definidos, recuerde que usted está en "situación de entrevista" desde el momento en que sale de su casa. El ingreso al edificio donde será entrevistado puede convertirse en una oportunidad o un problema: recuerde que entre sus compañeros de ascensor puede estar su entrevistador.

Sea puntual. Ni tarde ni demasiado temprano, tan solo unos minutos antes de la cita previamente acordada. Cualquier entrevista implica *per se* cierto grado suficiente de estrés. ¿Para qué incrementarlo con los nervios de sabernos demorados o ansiosamente madrugadores?

Durante la entrevista

La clave en esta instancia es la escucha activa, la cual –en rigor– debería empezar antes, cuando comenzamos a interiorizarnos sobre la organización y su búsqueda.

¿En qué consiste la escucha activa? En interpretar lo que dice nuestro interlocutor tratando de reducir al mínimo cualquier distorsión de su mensaje. O, dicho de un modo más llano: la escucha activa es el esfuerzo que hacemos por escuchar absolutamente todo lo que el otro quiere decir, evitando poner en sus labios lo que nos gustaría, quisiéramos o temeríamos oír.

Debemos prestar atención a los mensajes de toda clase: los verbales, los gestuales y hasta los que transmiten las escenas y los espacios que rodean el proceso de negociación. Es preciso escuchar lo que se nos dice y cómo se nos dice, considerando el tono y hasta los modales. Es fácil percibir la diferencia entre que nos propongan algo o nos comuniquen algo; en el primer caso, estamos frente a una negociación, en el segundo, ante un "tómalo o déjalo".

El contexto que se brinda a la negociación también importa. No es lo mismo que nuestro interlocutor deje abierta o cerrada la puerta de su oficina mientras conversa con nosotros. Tampoco que nos lleve a un espacio "institucional" –por ejemplo, la sala de reuniones de la empresa– o nos cite en un restaurante elegante. Cuando un reclutador interrumpe una y otra vez una entrevista para atender el teléfono, responder un correo electrónico o intercambiar comentarios con otros miembros de la empresa nos está diciendo –guste o no guste– cuál es la relevancia le da al encuentro con nosotros.

Debemos tratar de recoger toda la información posible desde el mismo momento en que llegamos a la cita. Una recepcionista enterada de que fuimos convocados, una sala de espera despintada o con sillones ajados… Todo "habla" y nos brinda información que debe ser evaluada. Lo mismo si un jefe nos recibe y atiende de pie, pretendiendo demostrar con ese gesto que no dispone de mucho tiempo.

Huelga señalar la importancia de todos estos datos a la hora de encarar una negociación. Sugiero escuchar con atención las preguntas de su interlocutor, responder a sus inquietudes, seguir el ritmo que el entrevistador propone y, una vez que este se dé por satisfecho, preguntar aquello que aún no se ha planteado y estaba en nuestra lista de control.

Al llegar al cierre, conviene preguntar cómo sigue el proceso y cuáles son los tiempos previstos para recibir una respuesta sobre nuestra postulación o requerimiento salarial.

Después de la entrevista

En los casos en que sea posible, resultará provechoso mantener el contacto con el entrevistador; por ejemplo, mediante un correo electrónico para agradecer el encuentro y quedar a su disposición para atender cualquier inquietud.

En esta etapa del proceso de negociación es fundamental el manejo de la ansiedad. Dado que para nosotros se juega mucho, estaremos seguramente muy pendientes de recibir novedades. Sabemos que quien espera desespera y, por lo tanto, la demora en respondernos podría parecernos eterna. Al respecto, conviene recordar que para un reclutador, por ejemplo, hacernos una devolución podría ser una más de las tantas tareas que tiene a su cargo.

¿Un consejo? Nunca se quede pendiente del resultado de una única entrevista. Abra otras posibilidades, otras alternativas. Continúe investigando el mercado para no terminar preso de una sola oportunidad. Cuantos más contactos realice, cuantas más redes teja, cuanto más se movilice y dé a conocer, más posibilidades tendrá de reubicarse. Tomar una postulación como la única o la última oportunidad de nuestra vida laboral tiene un efecto tan negativo como devastador. Nos convierte en desesperados. Y un desesperado no negocia, acepta. Es importante volcar nuestra energía en otra cosa hasta tanto recibamos novedades o la contestación a nuestro pedido.

Valentina, un caso de negociación de ingreso

Para que lo dicho hasta ahora no quede en la abstracción, voy a ilustrar con un ejemplo el modo en que se va dando cada paso del proceso de negociación al momento de ingresar en una nueva organización.

Valentina es una flamante licenciada en Administración de Empresas. Empleada en una distribuidora de productos de limpieza y tocador, desde que se graduó siente que no tiene posibilidades de crecimiento dentro de la compañía. Por eso, decidió buscar un cambio.

Hace ya seis años que trabaja en la empresa, a la que ingresó unos meses después de terminar el colegio secundario gracias al contacto que le brindó un vecino, empleado de la firma desde hacía muchos años. Si bien la compañía está ubicada a escasas seis cuadras de su casa, esa localización no resultó demasiado ventajosa para Valentina porque, durante sus estudios universitarios, debía viajar todos los días a la facultad; en consecuencia, no disponía de mucho tiempo libre.

Durante los años que trabajó en la distribuidora, Valentina experimentó un crecimiento importante, tanto desde el punto de vista personal como profesional. Entre los 18 y los 24 años se graduó, se puso de novia y comenzó una convivencia que despertó la idea de casarse. El paso por la universidad significó un esfuerzo importante. Trabajar y estudiar no es algo que pueda sostener cualquiera. Valentina no solo lo logró sino que, además, lo hizo en un tiempo más que razonable. Ahora sentía que había llegado la hora de su recompensa y empezaba a pensar que la empresa en la que estaba no podía dársela.

Cuando salió a buscar nuevos horizontes, Valentina se encontró con realidades y propuestas de lo más variadas. En algunos empleos le ofrecían pagarle la mitad de su salario a través de un recibo formal de sueldo y la otra mitad de manera informal, "en negro". En otros, le propusieron trabajos muy poco estimulantes o pasantías que prometían grandes posibilidades futuras, pero al precio de uno o dos años de trabajo prácticamente *ad honorem*. Aunque sabía muy bien que estas cosas eran bastante habituales, Valentina no tenía intención de pasar a engrosar el mercado informal de trabajo ni de realizar tareas tediosas; de hecho, estaba registrada en su trabajo actual (gozando de todos los beneficios establecidos por la ley) y las tareas que desempeñaba, en sí mismas, no le disgustaban.

Después de responder a varias búsquedas y de mantener un buen número de entrevistas, encontró finalmente una compañía que le pareció adecuada a sus aspiraciones: un proyecto de crecimiento profesional y de desarrollo, combinado con un aumento de ingresos. Tanto la empresa como el proyecto le resultaban interesantes. Se trataba de una compañía farmacéutica de origen europeo sobre la que Valentina había buscado información en las redes sociales y entre sus colegas. Aparentemente, era conocida por sus buenas prácticas de gestión en materia de personal. Tenía buenas referencias. El puesto era también atractivo. Ingresaría como analista de Pago a Proveedores, lo que suponía un crecimiento profesional y un desafío en el rol; tendría finalmente oportunidad de aplicar los conocimientos teóricos adquiridos en el transcurso de sus estudios y que, hasta ahora, a nadie parecían importarle demasiado. La posición prometía buenas perspectivas de crecimiento, al menos a juzgar por los exámenes de ingreso con los que se evaluó su potencial.

En cuanto a la gerencia, tenía un poco más de reparos. Valentina había aprendido bien a distinguir entre la marca, la compañía y el jefe, y sabía que las características de este solo se develarían cuando ya hubiese ingresado. Pero las entrevistas con Cecilia, la Jefa del sector para el que se postulaba, le habían sugerido que se trataba de una persona sensata y razonable. Sin embargo, Valentina no olvidaba que el gerente de Administración de la distribuidora había sido el mejor mentor que pudiera desearse: ella consideraba que todo lo que sabía del oficio lo había aprendido de él.

Sobre las condiciones de trabajo tenía también algunas dudas, las cuales junto con su vínculo emocional con la distribuidora, frenaban un poco su decisión de dar el gran paso del cambio. El horario en la nueva compañía parecía atractivo, ya que tenían una política flexible de entrada y salida, y viernes cortos en los meses de verano. Pero averiguando entre los colegas, le comentaron que la jornada de trabajo era tan intensa que pocos lograban retirarse a horario, sobre todo en época de cierre de balances. En cuanto al lugar y clima de trabajo, las entrevistas le habían permitido observar que las oficinas eran cómodas y que la gente parecía amigable.

La propuesta de compensación tenía sus bemoles. Si bien el salario básico era solo un 15% mayor que el actual, le daba acceso a un plan médico de excelentes profesionales, mejor que el que tenía ahora. La idea de casarse y ser madre en el mediano plazo tornaba especialmente valioso este beneficio, sobre todo porque su pareja trabajaba por cuenta propia y no podía ofrecer un seguro médico mejor.

Otro de los atractivos de la nueva empresa era la capacitación, un asunto destacado por el entrevistador como muy importante y que incluía obligatoriamente tomar cursos de actualización y clases de inglés. El factor que más hacía dudar a Valentina era la distancia y el tiempo de viaje que le insumiría desplazarse hasta el nuevo trabajo: dos horas y media en total para ir y volver... sin contar demoras e inconvenientes eventuales, ni el correspondiente gasto en transporte. Dos horas y media diarias cinco veces a la semana... 25 días al año en viajes.

A partir de todo esto y aún con dudas en cuanto a qué decisión tomar, Valentina se armó el siguiente esquema (ver página siguiente) para poner en blanco sobre negro todos los factores que le parecían importantes a la hora de decidir si daba o no el salto.

Con la información considerada relevante por ella, Valentina analizó la oportunidad que se le presentaba, y la comparó con su trabajo actual y con lo que había aprendido sobre el mercado durante el proceso de búsqueda. Evaluó los elementos en contra. El tiempo de viaje, por ejemplo, podría tornarse algo menos tedioso si la compañía le pagara el traslado chárter que pasaba cerca de su casa y la dejaba en la puerta de la empresa. Esto serviría también para aumentar, indirectamente, sus ingresos, ya que le significaría un ahorro importante.

Aun cuando la cuestión de los viáticos se resolviese, un incremento del 15% con respecto a su salario actual seguía

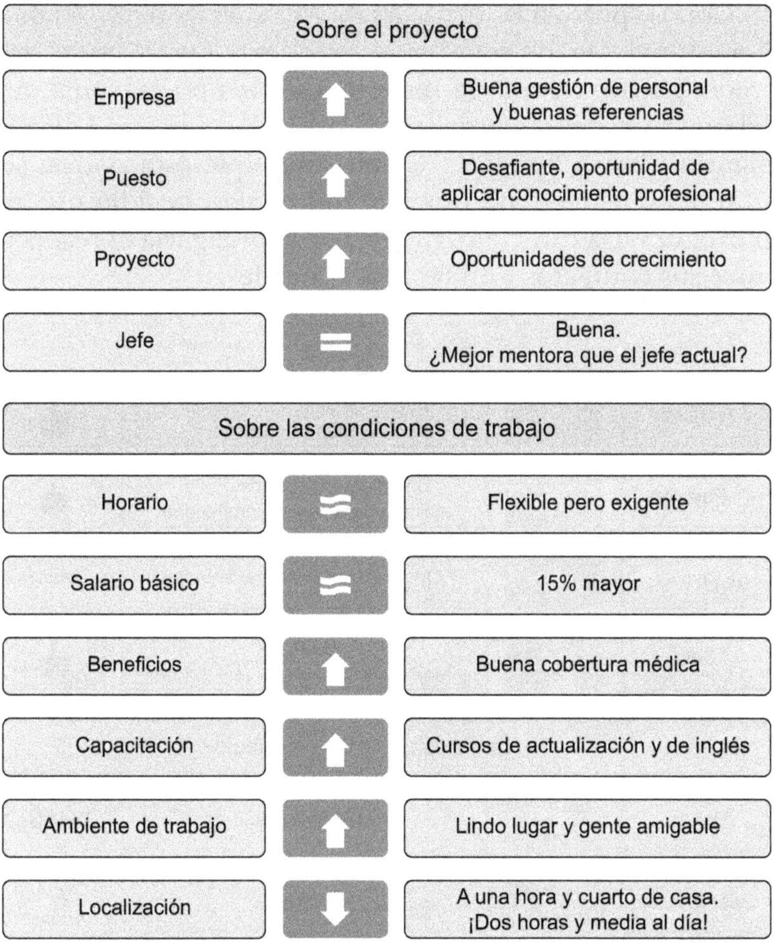

Sobre el proyecto		
Empresa	⬆	Buena gestión de personal y buenas referencias
Puesto	⬆	Desafiante, oportunidad de aplicar conocimiento profesional
Proyecto	⬆	Oportunidades de crecimiento
Jefe	=	Buena. ¿Mejor mentora que el jefe actual?

Sobre las condiciones de trabajo		
Horario	≈	Flexible pero exigente
Salario básico	≈	15% mayor
Beneficios	⬆	Buena cobertura médica
Capacitación	⬆	Cursos de actualización y de inglés
Ambiente de trabajo	⬆	Lindo lugar y gente amigable
Localización	⬇	A una hora y cuarto de casa. ¡Dos horas y media al día!

Figura 38. Análisis de la propuesta recibida.

pareciéndole poco. Así que Valentina decidió que debía indagar más en profundidad sobre cuál era el programa de compensaciones y, en particular, si preveían bonificaciones anuales. Además, siguiendo las sugerencias de un amigo, se propuso intentar llevar un poco más allá los beneficios de capacitación y averiguar si la compañía apoyaba económicamente los estudios de posgrado vinculados con el cargo.

Con respecto a la jornada laboral, la exigencia y su consecuente riesgo de tener que excederse en su horario la preocupaban; no quería restarle a su tiempo personal más del que ya le demandaría su traslado a la empresa. Además, cuando tuviera familia… Como sabía que este podría ser un tema sensible para muchas compañías, decidió que no lo preguntaría directamente sino que indagaría al respecto entre sus contactos y en las redes sociales.

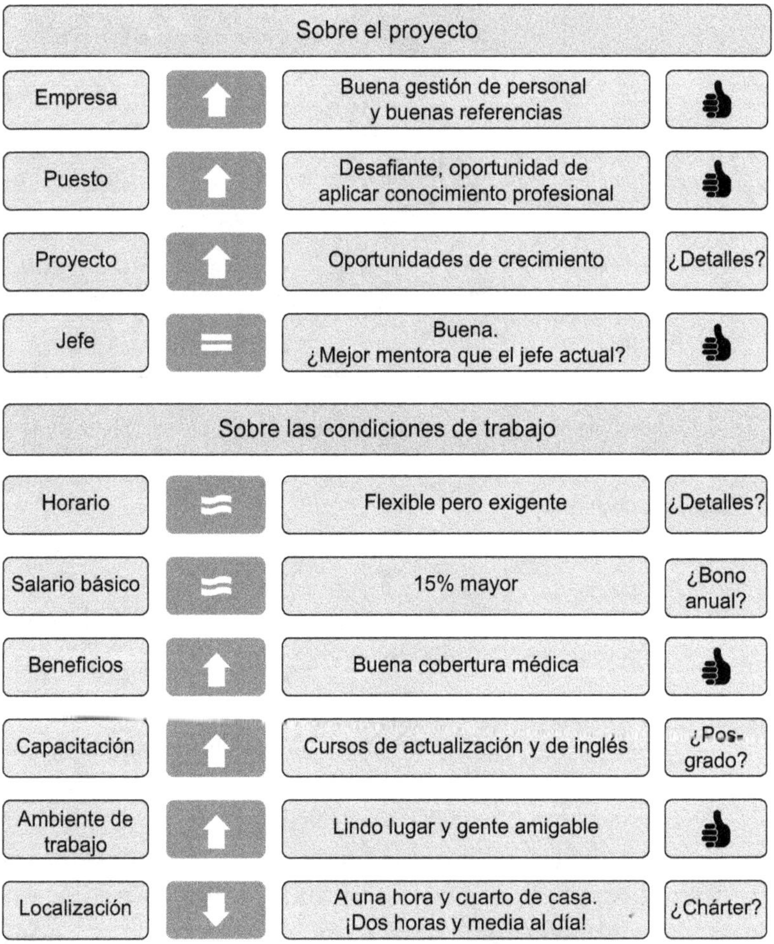

Sobre el proyecto		
Empresa ⬆	Buena gestión de personal y buenas referencias	👍
Puesto ⬆	Desafiante, oportunidad de aplicar conocimiento profesional	👍
Proyecto ⬆	Oportunidades de crecimiento	¿Detalles?
Jefe =	Buena. ¿Mejor mentora que el jefe actual?	👍
Sobre las condiciones de trabajo		
Horario ≈	Flexible pero exigente	¿Detalles?
Salario básico ≈	15% mayor	¿Bono anual?
Beneficios ⬆	Buena cobertura médica	👍
Capacitación ⬆	Cursos de actualización y de inglés	¿Posgrado?
Ambiente de trabajo ⬆	Lindo lugar y gente amigable	👍
Localización ⬇	A una hora y cuarto de casa. ¡Dos horas y media al día!	¿Chárter?

Figura 39. Evaluación de la propuesta recibida.

Por último, quedaba la cuestión del crecimiento y desarrollo. Comprendía que este era un tema central ya que, después de todo, era el que la había movido a emprender la búsqueda de un nuevo horizonte laboral.

Valentina volvió sobre sus anotaciones y agregó una columna; esta sería su guía para encarar la negociación final.

El día de la entrevista, Valentina estaba muy nerviosa. No sabía bien hasta qué punto podía preguntar o pedir lo que había pensado. Después de todo, su primera y única entrevista laboral había sido a los 18 años, en una empresa mucho más pequeña y para un puesto de muy poca responsabilidad. Sin embargo, la entrevista fue sumamente agradable. Recibió un trato bueno y sensato por parte de la jefa del sector y del gerente de Recursos Humanos, que se sumó hacia el final de la charla. Ambos le hicieron sentir que estaba por el buen camino. Hizo todas las preguntas que quiso. Algunos temas, incluso, fueron planteados espontáneamente por los representantes de la compañía, como la ayuda para estudios de posgrado, que resultó ser una política de la empresa. Las "oportunidades de crecimiento" no fueron demasiado detalladas, pero la política de bonificación anual por resultados le pareció atractiva. En cuanto a los viáticos, la firma pagaría el chárter. "Bienvenida a la empresa" fue la frase con que se cerró la contratación.

Más que satisfecha, Valentina se retiró feliz. No obstante, quedaba por delante aún un paso no menor: la desvinculación de la distribuidora. Dado que su puesto no era jerárquico ni manejaba información sensible, no esperaba que se le ofreciera ningún tipo de compensación al momento de su salida. Irse del trabajo implicaba perder el acceso al bono extra (cada vez mayor) que cobraba todos los años. Pero lo consideraba compensado por la negociación realizada con sus nuevos empleadores.

Valentina pidió una entrevista con su jefe y mentor para contarle sobre su decisión. Aunque entendía la situación de la flamante licenciada y sabía muy bien que la empresa no podía ofrecerle lo que quería, el (ahora ex) jefe no dejó de expresar su pena por la desvinculación. Se trataba de una buena empleada, que había avanzado mucho en estos años y que —estaba seguro— tendría un futuro prometedor en cualquier organización donde se desempeñara. Al momento de cobrar su última liquidación, Valentina se encontró con una sorpresa: la gratitud y el afecto que se había ganado fueron traducidos por la compañía en una bonificación que la ayudaría a iniciar su nueva etapa.

CAPÍTULO 10

BÚSQUEDAS LABORALES
Y NEGOCIACIONES ESPECIALES

Acceder a un empleo, cambiarnos del que tenemos, replantear los términos de nuestra contratación actual... todas son decisiones que, en su escala y según el momento de la vida laboral que estemos transitando, requieren de nosotros un delicado ejercicio de templanza y estrategia. Nadie puede exigirse razonablemente no cometer errores, pero sí aprontarse para decidir y actuar del modo más seguro posible. ¿Cómo? Sígame, ya mismo se lo explico.

Antes de abordar los temas que anticipa el título, vale la pena que nos detengamos un momento en las características que puede adoptar el mercado laboral.

Ya se trate de Santiago, el médico, como del albañil contratado por mi pariente, don Pedro, todos desarrollan sus actividades en un mercado de trabajo que da forma y condiciona la negociación de las condiciones de retribución. En líneas generales, es posible distinguir dos tipos principales de mercados: el formal y el informal.

El mercado formal es aquel donde la demanda proviene de organizaciones (estatales, empresariales o de la sociedad civil) que ofrecen a sus empleados condiciones de trabajo ajustadas a las exigencias legales del lugar donde desarrollan su actividad y, en el caso de empresas transnacionales, también a las exigidas por sus países de origen. Esta adecuación a las regulaciones vigentes da previsibilidad a quien sea contratado para trabajar en ellas.

Cuando era joven, participé como postulante a analista de desarrollo de Recursos Humanos en un proceso de selección de Abbot, una compañía farmacéutica de gran prestigio internacional, situada a casi dos horas de viaje desde mi domicilio. El proceso de entrevistas duró bastante tiempo y, a medida que avanzaba en el proceso de selección, me entusiasmaba cada vez más, para mis flamantes 22 años, ingresar en ese lugar significaba mucho. Llegado el momento de la negociación salarial, me preguntaron cuánto quería ganar de sueldo básico. Respondí con una cifra menor a la que Abbot había previsto para esa posición. El gerente que me estaba entrevistando me hizo una observación que no olvidaré jamás: "El sueldo que ofrece la empresa es mayor que el que usted está pidiendo. Si usted resulta elegido para el puesto, le daremos el salario que teníamos presupuestado, no el que me acaba de indicar, aunque sea inferior". No podía creer lo que escuchaba. Cuando finalmente tuve la suerte de ingresar, comprobé con alegría que la compañía honró el compromiso asumido en el proceso de selección. Estas situaciones no son habituales, pero –por lo general– las compañías que se desenvuelven en el mercado formal de trabajo mantienen prácticas de Recursos Humanos y políticas de retribución serias, no oportunistas, que brindan mayor previsibilidad al personal contratado.

Las empresas que integran el mercado formal de trabajo son las que marcan el terreno, fijan el encuadre y señalan tendencia en gestión de recursos humanos. Los beneficios y los servicios que luego se trasladan y popularizan entre el resto del mercado son diseñados, por lo general, en este tipo de compañías.

El mercado informal, por su parte, está formado por organizaciones demandantes de fuerza de trabajo que, por diversos motivos, incumplen total o parcialmente las regulaciones legales en materia de empleo. Por lo general, los salarios son más bajos que en el mercado formal, y los beneficios pueden no existir o formar parte de negociaciones particulares con cada empleado... cuando este tiene ocasión de negociar, ¡claro!

Es importante que el lector, durante el proceso de selección y reclutamiento, averigüe de manera cortés pero clara cuáles son las prácticas de retribución ya que tienen un impacto sensible y concreto en el corto, mediano y largo plazo de la relación laboral que se está buscando establecer.

Por último, una observación: los mercados están vivos. Como cualquier otro, el mercado laboral se mueve, muta, crece, se reduce, se renueva. Acompaña el movimiento de las economías locales, nacionales, regionales e internacionales. Por eso, todo aquel que quiera desenvolverse en él con inteligencia y provecho debe mantenerse atento a fin de conocer, reconocer y hablar con solvencia su lenguaje.

La búsqueda laboral

Cuando era joven, buscar trabajo significaba comprar el diario bien temprano por la mañana, y encarar la lectura de los avisos clasificados, marcador en mano, buscando alguna oferta que tuviera que ver con lo que quería. A eso seguía el envío del currículum vítae por correo y la esperanza de ser convocado. Después, tras largas filas en la puerta de las empresas, llegaba una entrevista con alguien que, salvo casos excepcionales, sabía del candidato pura y exclusivamente lo que había elegido incluir en sus antecedentes escritos.

En nuestros días, las cosas han cambiado tanto que, incluso para quienes lo vivimos en carne propia, por momentos esa secuencia que describí parece haber existido solamente en las películas. Ya no es necesario pasar por páginas y páginas de papel para llegar al aviso que queremos: Internet y un buscador harán el trabajo por nosotros. Estamos en condiciones, incluso, de dedicarnos menos a buscar y más a ser buscados gracias a la disponibilidad de grandes bases de datos y consultoras especializadas. Los tiempos también son otros; no es lo mismo enviar una carta por vía postal y esperar su respuesta que hacer clic en la ventana de mi correo electrónico. Finalmente, el momento mismo de la entrevista no necesita ser presencial; así lo permiten las videollamadas, accesibles para cualquier postulante y preferidas por muchas ramas del actual mercado globalizado.

Uno de los cambios que más han revolucionado el mercado de trabajo y el proceso de selección es el advenimiento de Internet y las redes sociales. Hoy, tanto empleadores como postulantes tienen acceso a cantidades de información que hasta hace poco tiempo eran inimaginables. Las organizaciones pueden acceder a nuestros antecedentes aun antes de que nos enteremos de la vacancia de un puesto; pueden conocer nuestras referencias y hasta información financiera. Por su parte, los postulantes tienen la posibilidad de investigar acerca de la empresa sin siquiera haber puesto un pie en sus oficinas por medio del sitio web corporativo, los debates en línea, las referencias de colegas... Todo suma a la hora de encarar el proceso de ingreso y la negociación de los términos. El mundo está yendo cada vez más hacia las búsquedas en redes sociales laborales, aun en el marco de procesos tradicionales de selección. Esto lo están haciendo quienes buscan empleados y quienes se ofrecen. De este modo, la oferta y la demanda se vuelven mucho más amplias y cristalinas en cada etapa del proceso de reclutamiento y selección.

> **Importante**
>
> - Definir a qué tipo de empleo apuntamos y en qué redes sociales se publican sus búsquedas.
> - Mantenernos visibles en las redes sociales relevantes, con un perfil actualizado y hecho a la medida de nuestras aspiraciones.
> - Sumarnos a grupos de interés de nuestra línea de trabajo.
> - Conseguir referencias y recomendaciones que sean visibles para quienes nos buscan.

Estar al día con estas transformaciones y saber adaptarse a ellas usándolas a nuestro favor constituyen claves del éxito laboral. Sabemos que hoy en día el empleador emprende gran parte de sus búsquedas a través de las redes sociales, aplicando filtros cada vez más específicos (mediante grupos de interés, recomendaciones, etcétera) hasta encontrar a su candidato ideal. Entonces, nuestra primera tarea será definir qué tipo de empleo (y empleador) queremos, e informarnos acerca de qué redes maneja y qué tipo de referencias busca. Linkedin, por ejemplo, es indudablemente una de las más poderosas redes de empleo de la actualidad, quizás a nivel mundial. Sin embargo, debemos tener presente que existen otras, particularmente aquellas dirigidas a sectores o cargos específicos; debemos detectarlas y participar allí también. Una vez que nos hayamos hecho visibles en las redes sociales relevantes, resta por definir, por ejemplo, qué queremos mostrar, cuáles son las cualidades que debemos mencionar para aparecer en las búsquedas de nuestro interés, y qué elementos de nuestros antecedentes deseamos destacar para atraer al tipo de empleador que buscamos. Todo este proceso debe incluir una indagación –dentro de nuestras posibilidades– del perfil del empleador al que podemos interesar y con quiénes deberíamos probablemente competir. Todas estas preguntas –y algunas más– determinarán la configuración de nuestro perfil (o perfiles) en línea, desde la foto que vamos a subir, las recomendaciones que buscaremos y hasta la descripción de cada trabajo previo.

Esta nueva configuración de la búsqueda laboral se da tanto en los casos tradicionales, caracterizados por procesos de reclutamiento y selección, como en modalidades diferentes y tal vez menos conocidas, tales como la práctica del *headhunting*. Veamos los detalles de cada modalidad y las posibilidades que ofrecen a la hora de una negociación.

Procesos de reclutamiento y selección

En las modalidades de búsqueda más tradicionales, una empresa u organización tiene una vacante en un puesto y publica una convocatoria abierta para cubrirlo. Antes, esto se hacía mediante un aviso en el diario; ahora, a través de sitios web, buscadores o redes sociales. La organización que busca espera recibir los antecedentes de determinada cantidad de personas interesadas en cubrir el cargo y, entre ellas, las del/de la "candidato/a ideal". Ante esta convocatoria, las personas interesadas envían sus respuestas y se embarcan en un proceso de competencia y selección. Así, la postulación al empleo es producto de una búsqueda activa, que incluye la publicación de sus antecedentes en la mayor cantidad posible de redes sociales. Mientras que en la primera etapa de la búsqueda la persona interesada es meramente un "postulante", cuando ya está compitiendo y, más aún, cuando llega a las últimas instancias de selección, se la considera un "candidato".

Esta modalidad de selección tiene varios puntos destacables, que se conservan aún hoy con todos los cambios tecnológicos a los que me referí más arriba. Listémoslos.

- La iniciativa corre por cuenta de ambas partes (una al buscar un empleado y la otra al buscar un empleo).
- Gracias a Internet, la cantidad de postulantes suele ser mucho mayor que antes y, por lo tanto, el proceso de selección mucho más largo y complejo.
- La búsqueda es pública y, por eso, accesible a cualquier persona que quiera presentarse.

Sin embargo, en términos de negociación, quisiera destacar una diferencia, fundamental respecto de otros tipos de proceso y de la cual podemos aprender mucho: la actitud con que se encara la negociación de las condiciones de contratación. La persona embarcada en una búsqueda activa va al encuentro del entrevistador y negocia sus condiciones con plena conciencia de que está compitiendo con otros postulantes. Por este motivo, por lo general encara el proceso de negociación con una actitud más cautelosa y conservadora, tratando de manejar el delicado equilibrio entre tomar la oportunidad que le ofrecen y sacar para sí todo el provecho que pueda. En cambio, en otro tipo de procesos de selección –por ejemplo, los de *headhunting*–, dado que los candidatos no se presentan por iniciativa propia sino que son convocados por una organización, muchas veces sucede que las personas entrevistadas consideran que, como fueron llamadas, no tienen que competir y, por lo tanto, que tienen un margen infinito de negociación. Para entender mejor de qué estoy hablando, veamos un poco de qué se trata esto.

Procesos de *headhunting*

El *headhunting* (en inglés, "caza de cabezas") es un método de búsqueda de personal caracterizado principalmente por el hecho de que es la empresa la que se acerca directamente a individuos que considera adecuados para el puesto sin que haya mediado una convocatoria abierta. Si bien se trata de una modalidad que por lo general las consultoras ofrecen a grandes empresas para cubrir posiciones de alto nivel jerárquico, es cierto también que, sea cual sea el tipo de mercado en el que nos movamos, podemos extraer herramientas de utilidad para nuestra propia búsqueda y negociación. Entre otras cosas, porque el *headhunting*, en esencia, es comparable a lo que sucede con cualquier persona que, estando empleada, es tentada a cambiarse a otro empleo. ¿Cuándo conviene irse? ¿Qué factores intervienen en esta decisión? ¿Cuáles tendré que tener en cuenta a la hora de negociar mis condiciones de contratación? Y ¿qué pasa con la desvinculación del trabajo anterior? Veamos, entonces, algunos puntos de importancia en este proceso y qué podemos aprender de él.

Una empresa suele encarar un plan de "caza de cabezas" cuando necesita contratar personal de alto nivel (gerentes, directores, gerentes generales, miembros de la junta directiva), o cubrir posiciones muy específicas, generalmente apuntadas a profesionales que disfrutan de pleno empleo.

La principal diferencia entre el *headhunting* y un proceso de reclutamiento tradicional es que, en el primer caso, las personas convocadas no buscan empleo. De hecho, es probable que su nombre haya surgido precisamente porque se están desempeñando de manera muy exitosa en alguna otra empresa. Puede ser que su perfil esté subido a las redes sociales, pero que no haya sido activado o actualizado en años. De hecho, el *headhunter* (el cazador de cabezas) con frecuencia ni siquiera tiene los datos de las personas adecuadas para el puesto y, por eso, la búsqueda comienza mucho más atrás aún; debe elaborar un plan proactivo para identificar quiénes son los individuos adecuados para ocupar ese lugar. Empezará por una prospección del mercado para estudiar, por ejemplo, cuáles son las empresas del sector, cuál es su organigrama y quiénes ocupan las posiciones similares a la que a él le interesa cubrir.

Tras esta primera etapa de estudio previo, el *headhunter* invita a estas personas a sumarse a un proceso de selección, en el que competirán con otros candidatos. Aquí nos encontramos ante el primer punto que me interesa destacar, al que ya me referí indirectamente más arriba: la errónea idea que se forman algunos candidatos según la cual, como fueron convocados sin que ellos salieran a ofrecerse, eso significa que no están compitiendo con otros. El hecho de que alguien sea llamado por el empleador no significa que ya tenga el puesto; más bien quiere decir que está invitado –precisamente– a competir. Es muy importante no dejarse engañar; aunque nos convoquen a partir de reconocer todas nuestras cualidades, eso no significa que seamos la única opción. ¿A dónde apunto? A advertir sobre el peligro de que ese reconocimiento a nuestra trayectoria nos envanezca de tal manera que termine por dejarnos fuera de carrera. Debemos entender que tanto en un proceso de reclutamiento masivo como en uno de *headhunting* debemos mantener siempre dentro de lo razonable nuestras exigencias a ese empleador que vino a golpearnos la puerta. "Razonable" para nosotros (candidatos), para la empresa que convoca y en relación con el escenario coyuntural. ¿Por qué? Ante todo, porque –me lo adviertan o no– debo recordar que estoy en ese proceso de selección compitiendo con otras personas. Y, además, porque el mercado define el paquete de retribuciones estándar; si no tengo presente esos términos, corro el riesgo de que me dejen afuera. En síntesis: como decimos los argentinos, "hay que creérsela"... *ma non troppo!*

El proceso de *headhunting* se desarrolla en etapas:

1. La consultora o empresa de forma directa ubica a los candidatos. Elabora un listado de nombres y ve dónde se encuentran. Esto implica también tomar conocimiento de su trayectoria profesional, su nivel salarial, sus referencias, etcétera. Esto se denomina "prospección del mercado".

2. Se invita a los candidatos, con mayor o menor énfasis o "agresividad", a sumarse al proceso de selección.

3. A medida que se avanza en la competencia, la empresa o consultora seduce a los candidatos que más le interesan, de manera que la oferta sea más atractiva que la de sus trabajos actuales.

4. Se negocian los términos de la compensación; dado que el *headhunting* se lleva adelante en niveles de puestos jerárquicos, la negociación de compensación es mucho más sofisticada e intervienen gran cantidad de factores.

Todo este proceso, principalmente en sus primeras etapas, se realiza bajo un régimen de extrema confidencialidad. Por ahora, la empresa que hace la búsqueda no desea revelar los detalles del puesto, seguramente porque está ocupado por otra persona. El candidato contactado contribuye a esa confidencialidad porque no puede permitirse que "se filtre" a su empleador actual la información sobre su participación en la selección. Esta discreción es muy importante incluso en las últimas etapas del proceso de selección, cuando el o los candidatos se encuentren cara a cara con el personal de la empresa empleadora y, por lo tanto, el riesgo de que las negociaciones trasciendan es bastante mayor. El manejo eficiente y eficaz de la confidencialidad durante el proceso constituye uno de los motivos principales de contratación para un especialista en *headhunting*: derivar el proceso de búsqueda a personas, ajenas a la organización, que cuenten con una batería de recursos para asegurar esta confidencialidad. Sus herramientas incluyen desde hacer las entrevistas laborales en oficinas anónimas, sin tránsito de otros candidatos ni de público en general. ¿Qué podría suceder si un mensajero que justo pasaba a dejar un sobre en las oficinas de la consultora en Recursos Humanos reconoce en la sala de espera a un importante gerente de otra empresa? ¿O si el currículum del candidato estuviera sobre la mesa del gerente general de la empresa que trata de contratarlo y, allí, lo ve alguien más y se empieza a correr el rumor? Un proceso de *headhunting* profesional debe prever y cuidar todos los detalles, incluido el respetar los tiempos del futuro empleado para hacer una salida ordenada de su actual empleo. No obstante todas estas consideraciones, quien se sume a una selección de *headhunting* debe saber que, sobre todo en las últimas etapas del proceso, la confidencialidad puede quebrarse, muchas veces, debido a remotas e insólitas casualidades. Por lo tanto, si esto llegara a suceder, debe estar preparado para dar las explicaciones debidas a quien corresponda.

Lo dicho explica por qué las organizaciones eligen muy cuidadosamente a sus *headhunters*. Debe tratarse de profesionales de cierto renombre y trayectoria, con buena reputación en el ámbito de los Recursos Humanos; es que el *headhunter* será la cara visible –la única durante buena parte del proceso– de la organización convocante. Si el *headhunter* no goza de credibilidad y antecedentes en el mercado, difícilmente los candidatos confíen en esa persona que, sin poder darles demasiada información, llega para invitarlos a que consideren la posibilidad de dejar sus actuales trabajos –donde tal vez estén cómodos y satisfechos– prometiendo mejoras de las que aún no dice demasiado. Esto sucede particularmente en empresas que, aunque muy grandes e importantes, son desconocidas para el público general; empresas B-to-B (*business to business*, en inglés, "negocio a negocio") que a diferencia de las B-to-C (*business to consumer*, negocio a consumidor), no tienen un nombre que circule socialmente. Si bien todos sabemos cuáles son las principales marcas de gaseosas, es muy poca la gente que conoce el nombre de la embotelladora, de la empresa que hace las etiquetas o de la que distribuye el producto para que llegue a mi supermercado. Estas empresas buscan un buen *headhunter*, uno de renombre, para que a la hora de contactar y tentar a un alto ejecutivo, este confíe en que se trata de una buena oferta aun antes de poder acceder a la información específica del cargo. Lo mismo puede hacer una empresa que esté empezando o que no sea tan grande como para atraer buenos candidatos: buscan un *headhunter* prestigioso a fin de que los contactados en la búsqueda confíen en la propuesta por asociación de la empresa con el renombre del *headhunter*, quien –supondrá el candidato– no hubiera tomado el trabajo si no se tratara de un proyecto serio. Veamos un caso.

Hace unos años, dos hermanos heredaron la empresa de su padre, y decidieron seguir adelante con el proyecto.

La compañía necesitaba un fuerte proceso de reestructuración para renovarse y ponerse al nivel del mercado actual. Los herederos tuvieron la lucidez de reconocer que no tenían los conocimientos suficientes para ocuparse de tareas complejas tales como la organización y puesta al día de las finanzas de la empresa, motivo por el cual decidieron contratar personas experimentadas para ocupar ese y otros cargos de gerencia. Contactar a las personas adecuadas para tentarlas no era tarea fácil, ya que estas ocupaban altos cargos en empresas internacionales de las que difícilmente quisieran desvincularse. Por otro lado, no son pocas las historias de empresas familiares heredadas que terminan con un final poco feliz. En este caso, la contratación de un buen *headhunter* fue clave: alguien que llegara como primer rostro del proyecto y sirviera como garantía de que se trataba de una oferta no solo seria sino también atractiva. Voy a volver sobre este ejemplo más adelante, ahora retomemos nuestro tema.

Las características propias del proceso de *headhunting* lo convierten en una situación sumamente estresante para el candidato, a quien le requiere un gasto energético considerable. Y esto no se debe solamente a la confidencialidad. El personal jerárquico de una empresa (como puede ser un director de finanzas o un gerente general) está pensando siete días a la semana, veinticuatro horas al día, en resolver los problemas de su compañía. Cuando llega un *headhunter* y lo invita a sumarse al proceso de selección, entran en su mente muchas variables nuevas: cómo se presenta en la entrevista, cómo negocia, cuál es la realidad de la nueva empresa, cuáles son sus planes, su estrategia, su crecimiento... Todo esto lo obliga a dividir su energía mental entre estas dos realidades. De hecho, si la persona contactada está en una etapa en la que no quiere o no se siente en condiciones de restarle tiempo y dedicación a su propio trabajo, puede comunicarle al *headhunter* que en ese momento, o por un determinado período, no está interesado en recibir nuevas ofertas de trabajo.

Ahora bien, ¿qué podemos aprender nosotros de estos casos de *headhunting*? Tal como anticipé, si bien el proceso de *headhunting* se da generalmente en posiciones de alta jerarquía, muchas de las cosas que vimos pueden pensarse en relación con el escenario estándar de alguien que está en un trabajo y está buscando −o lo están buscando− en otro. A la hora de sentarnos a negociar, en particular, podemos incorporar mucho de lo que sucede en estos procesos de alta gama; por ejemplo, que las variables de negociación no se reducen al salario fijo, ya que hay muchos más factores dentro de la compensación, tal como vimos en el Capítulo 3. En el caso de economías inestables o con grados considerables de inflación, esto es aún más evidente; si cambio de trabajo porque me ofrecen un 10% más de sueldo pero, por ser nuevo, no tengo capacidad de negociar un aumento −digamos, durante el primer año−, en una economía con un 15% de inflación anual estoy perdiendo poder adquisitivo al momento de ingresar. Por este y otros motivos, es fundamental tener en cuenta que el monto que voy a cobrar en bruto no puede ser mi único criterio a la hora de decidir mi futuro laboral. Muy por el contrario, tenemos que tener siempre presente los conceptos incluidos en las compensaciones tratados en el Capítulo 3.

Vayamos a un ejemplo que toca un punto fundamental para la mayoría de las personas que trabaja en relación de dependencia: las vacaciones. Facundo, vendedor en la sección de arte de una reconocida cadena de librerías, se desempeña hace 17 años en la misma empresa. Es un trabajo que disfruta y sabe hacer bien. En un momento, es contactado por una librería pequeña de su barrio especializada en arte que, conociendo su trabajo, le ofrece el puesto de encargado del local. Se trata de una oferta tentadora; desde el punto de vista profesional, significa un crecimiento y la

239

oportunidad de poner en práctica, por fin, todo lo que fue aprendiendo y las ideas que desarrolló en tantos años de trabajo, cosas que –él sabe– serían muy difíciles de implementar en su empleo actual.

Convocatoria	Tipo de búsqueda	Dinámica	Posiciones ofrecidas	Negociación	Confidencialidad requerida
Reclutamiento y selección	Abierta	El postulante se acerca al reclutador	Todo tipo	El candidato se sabe compitiendo	Nula o baja
Headhunting	Focalizada	El reclutador busca al postulante	Jerárquicos o muy calificados y específicos	El candidato puede olvidar que está compitiendo	Alta

Figura 40. Diferentes tipos de convocatorias.

No obstante, Facundo no pierde de vista ni por un momento una característica fundamental de la antigüedad laboral: 17 años en la librería significan, como mínimo, un mes de vacaciones. A los 45 años de edad, tanto él como su familia ya se acostumbraron a este beneficio; incluso, a distribuir esos días en distintos momentos del año. Facundo no está dispuesto a ceder esto por más tentadora que suene otra oferta. El nuevo empleo, ¿podrá ofrecerle esto? Esa será una de sus primeras preguntas al negociar con la librería que quiere "cazarlo" o con cualquier otra que se le cruce en el futuro.

Negociar la remuneración

Vimos en el Capítulo 3 que la compensación total es mucho más que dinero: hay que pensarla en todas sus dimensiones, por ejemplo, mediante el esquema de la retribución que cité en ese capítulo (remuneración, beneficios, equilibrio entre vida personal y trabajo, reconocimiento y desempeño, y desarrollo y oportunidades de carrera). Todos estos factores deberán tenerse en cuenta a la hora de encarar la negociación con vistas a un nuevo empleo. Recuerde, estimado lector, las ventajas –¡y los resultados!– de emplear el Informe de Retribución Total (IRT) ya que, bien cuantificados, los beneficios podrían superar ampliamente el ofrecimiento en metálico que se nos haga.

Es fundamental nunca perder de vista que la decisión, del ingreso y de las condiciones en las que se realiza, la toman ambas partes. Obviar a cualquiera de las dos partes en la decisión puede resultar en la frustración del acuerdo. Ya mencionamos que muy a menudo sucede que las personas convocadas por una empresa –por ejemplo, a través de un proceso de *headhunting*– consideran que "ya están adentro", con lo cual pierden de vista que están compitiendo y demandan lo imposible. Es un error pensar que como la empresa ha convocado al candidato el margen de negociación es muy amplio. Lo que sucede, en realidad, es que tenemos un margen algo mayor, pero nunca infinito. De la misma manera, tampoco tenemos que pensar que, porque fuimos nosotros quienes nos acercamos a la organización, tenemos que aceptar cualquier cosa que nos ofrezcan; ya vimos que una negociación "desesperada" solo puede traer malos resultados. En resumen: siempre debemos tener en cuenta tanto que el otro está en condiciones de decirme que no, como que yo tengo poder de influir sobre los términos de la contratación. Este espacio que conservo para mi propia incidencia en la decisión es el que me da libertad.

Importante

- Nunca perder de vista que la decisión respecto del ingreso y de las condiciones en que se realiza la toman ambas partes.

Ahora bien, para poder tomar decisiones de manera inteligente, tengo que tener información. Para eso, es fundamental que como postulante intente recabar la mayor cantidad posible de datos sobre el nuevo puesto: la empresa, el proyecto, las retribuciones, las responsabilidades y las tareas, las condiciones generales, en particular los traslados que me demandará (algo no menor en grandes urbes con distancias considerables), etcétera. Ante todo, porque difícilmente pueda saber cuánto quiero ganar si no sé qué me están pidiendo que haga.

Si se tratara de una gran empresa, con una marca que todo el mundo conoce, ¿tendría también que tomarme este trabajo? Claro que sí. Una cosa es la marca, otra cosa es la empresa y otra, también, los ejecutivos de esa empresa, porque ellos van a ser mis jefes. Hay marcas muy conocidas que tienen una afamada cultura organizacional que puede resultarme atractiva. Pero quizás la empresa no funciona. De los tres factores, tal vez el más determinante sea la gerencia, porque es la que determinará el clima laboral en el que voy a desempeñarme. Entonces, nunca es demasiado el esfuerzo que invirtamos en bucear bien para averiguar los detalles de cada uno de estos tres factores.

¿Un ejemplo personal? El primer verano después de terminar la escuela secundaria fui a trabajar a un balneario de Villa Gesell, una localidad de la costa atlántica argentina. Como era buen nadador, les decía a mis amigos que era guardavidas… aunque, en realidad, me ocupaba de las carpas y las sombrillas, el equivalente a las caribeñas palapas. Yo era "carpero". Por entonces ya había nacido en mí el interés de trabajar en una empresa estadounidense; entendía que esas compañías tenían políticas claras y que, si uno se esforzaba, podía crecer. En aquel tiempo, IBM era la empresa de referencia. Así que, cuando llegó a mi balneario un grupo compuesto por unos treinta miembros de esa compañía, me apresuré a atenderlos y a ayudarlos a instalarse.

Pocos días después y cuando ya había identificado al de más rango, me dirigí a él: era Carlos, el gerente de "Personal", como se llamaba por entonces al área de Recursos Humanos. Con la frescura y el desparpajo de mis adolescentes 17 años le dije que quería trabajar en IBM. "Vení a verme en abril", me dijo. Pensé que era una respuesta elegante para sacarme de encima, pero de todos modos tomé nota de su nombre. Cuando el verano terminó y volví a Buenos Aires, llamé a Carlos. ¡Se acordaba de mí! Dos semanas después y luego de pasar algunos exámenes, estaba trabajando en IBM. No lo podía creer; apenas había comenzado a cursar el primer año en la universidad donde luego me graduaría de Licenciado en Recursos Humanos y, como decían mis compañeros, ya estaba tocando el cielo con las manos. Colaboré como cadete en la administración del Club que IBM tenía en Martínez, algo que para mí representó toda una experiencia. Era mágico. A los seis meses y debido a que no se había producido una vacante efectiva en el área de Personal tuve que migrar a la de Administración de Ventas. Allí me topé con un gerente con el que no me llevaba bien. Así que, diez meses más tarde, presenté la renuncia. Mis amigos no podían creer la decisión que había tomado. Pero solo yo sabía el sufrimiento que significaba trabajar con esta persona. Por eso me fui. Tempranamente aprendí en carne propia las diferencias entre marca, empresa y gerente; tres cosas muy diferentes y que conviene tener en cuenta.

Algo parecido tuvo que aprender Alejandra a partir de su experiencia de cambio de empleo. Ella se desempeñaba en una empresa pequeña, organizada de manera muy tradicional, con horarios fijos y sin una idea integral de la compensación. Buscando algo más adecuado con su estilo de vida, se interesó en un proceso de selección para una importante empresa internacional del sector que le había comentado un compañero. A través de investigaciones en las redes sociales y del intercambio con colegas, averiguó que la empresa era conocida por su cultura organizacional de trabajo flexible, que incentivaba el trabajo desde la casa, la adecuación al ritmo de desempeño de los empleados, etcétera. Sin dudarlo, se presentó al proceso de selección y lo atravesó con éxito. Una vez en la empresa, no tardó en reconocer su error. Una cultura organizacional no determina necesariamente el estilo del jefe que nos haya tocado en suerte, y la jefa de Alejandra era todo lo contrario a lo que esperaba: altamente demandante, sin ningún reparo en exigir horas extras y controlar con una precisión milimétrica cada paso de sus empleados. Era hora de reemprender la búsqueda.

Entonces, una de las claves de una buena negociación es saber manejar la información. Ya vimos cuáles son los datos que un candidato debería recolectar acerca de la organización, la descripción de tareas y demás. Esos datos no se los averigua tan solo para coleccionarlos; son los que van a dar la pauta de qué podrían llegar a ofrecerle, y qué es lo que queremos, y –razonablemente– podemos pedir. Desde lo más temprano posible en el proceso de selección, las dos partes deberían estar en condiciones de poner toda la información sobre la mesa para que ambas tengan la libertad de tomar una decisión informada. Lo ideal es que quien llega a la situación de ser candidato (es decir, quien se encuentra en la final del proceso de selección) debería haber dialogado con la otra parte sobre, por ejemplo, las condiciones de compensación.

Sin embargo, cuando alguien se enfrenta con un posible empleador no siempre tiene acceso a estos datos. Porque así como dijimos que lo ideal es que haya la mayor cantidad de información disponible al momento de la negociación de contratación, también es cierto que, por lo general, el empleador tiene mayor acceso a la información que el empleado. Por ejemplo, las bases de datos de sueldos están disponibles para las empresas que las pagan, pero no para los individuos. Además, en muchos casos se trata de puestos que ya están ocupados, motivo por el cual las empresas no pueden revelar información demasiado específica sobre el cargo ofrecido: el nombre de la empresa, las características del puesto, la remuneración pautada, entre otros, son datos que quedarán en el misterio hasta las últimas etapas del proceso. Al principio y hasta que ese postulante se transforme en candidato, se revelan solamente datos generales tales como el origen del capital, el rubro, y alguna mención general del puesto y la zona de trabajo. De esta manera, podemos encontrarnos con una convocatoria formulada en términos tan generales como "importante empresa alemana", "posición de liderazgo a nivel regional", "industria alimenticia". Por eso muchas veces llegamos a la mesa de negociación en condiciones que distan bastante de las ideales en cuanto a la información que tenemos, y no contamos con referencias para saber qué y cuánto pedir. En el caso de economías inestables o inflacionarias, a todo esto se suma el hecho de que el movimiento del mercado es tan poderoso que, con diferencia de pocos meses o pocos kilómetros, el salario difiere muchísimo. Y entonces, ¿qué hacemos? ¿Cómo manejamos la negociación en el momento de un ingreso o de un proceso de *headhunting*?

Una vía posible para comenzar la negociación es observar con atención los datos que sí tenemos y, a partir de ellos, deducir o averiguar otras informaciones, las que a su vez nos permitirán plantear estos temas en la negociación. Este es el caso de Cecilia, una joven ejecutiva que fue convocada por un *headhunter* para sumarse al proceso de selección para un puesto de dirección regional de finanzas de una empresa europea. Con la escasa información disponible, ella pudo armarse de una cierta cantidad de preguntas y precauciones para el encuentro con su posible empleador. Logra, ante todo, indagar en el mercado de trabajo para averiguar de qué empresa se trataba, dato que le informa sobre el nivel de remuneración y las condiciones del ambiente laboral. Por otro lado, Cecilia, quien pensaba en continuar sus estudios de posgrado en la universidad, donde decía "liderazgo en el nivel regional" inmediatamente leyó "requerimiento de viajes laborales". Si la cantidad de viajes fuera elevada, sin dudas pondría en riesgo la continuidad de sus estudios, ya que se trataba de una especialización presencial y con una exigencia bastante considerable. De esta manera, Cecilia llegó a la primera entrevista con una pregunta clave: ¿qué cantidad de tiempo de trabajo estaría dedicada a viajar? Ante la respuesta de "un veinticinco por ciento del tiempo", su "no" fue rotundo; no quería restar una semana al mes a su proyecto de desarrollo académico. Aunque las condiciones del salario eran algo mejores, este factor más intangible –pero nada despreciable para Cecilia– la convenció de que esta oportunidad no era para ella.

A falta de información sobre la empresa que nos convoca, otra estrategia es tomar como punto de partida las condiciones laborales actuales. Esta es una buena base de negociación para con el futuro empleador: "si sabe lo que tengo, sabrá qué cosas no voy a ceder y cuáles tendrá que superar si quiere contarme en su equipo". En todo caso, es una pregunta que podemos hacernos a nosotros mismos: "Yo estaba felizmente trabajando en tal empresa, y me consideraba compensado con esto y aquello. ¿Qué podría razonablemente agregarle a eso?". Efectivamente, quien se embarque en un proceso de selección deberá dedicar un buen tiempo a pensar qué quiere, qué factores le resultan importantes y cuáles no; qué lo está expulsando de su empleo actual (o, al menos, sembrándole la semilla de la duda) y qué otras cosas, por el contrario, no está dispuesto a ceder. Si su empleo actual lo cansa porque tiene dos horas de viaje de ida y dos de regreso cada día, una de las primeras cosas que pondrá sobre la mesa de negociación es la ubicación de la empresa y las facilidades de transporte. No obstante, y esto es fundamental, nunca deberá permitir que este problema y el correspondiente deseo de algo diferente le hagan perder de vista todos los otros factores que intervienen en la decisión: remuneración, beneficios, etcétera. Tarde o temprano algunos de ellos empezarán a hacerse notar en el nuevo empleo: estaba tan preocupado por tener un trabajo más próximo a su hogar que le pareció poco importante que la medicina prepaga ofrecida fuera de menor calidad y, en breve, tal vez eso lo impulse a una nueva búsqueda.

Negociar el cambio

La clave para encarar un proceso de selección es buscar la mayor cantidad de información posible y, si no la encuentra, exigirla. Porque en algún momento el candidato tendrá que tomar decisiones sobre sus condiciones, y en esa instancia deberá ponerse sobre la mesa lo que la empresa tiene y ofrece, y lo que el candidato tiene y ofrece. Mientras más información esté disponible y más pronto se la incorpore al proceso de negociación, menos pérdida de tiempo habrá para ambas partes.

Esto vale tanto para el primer empleo como para el último. Pero a medida que vamos subiendo en la escala de cargos, mayor es la sofisticación del proceso de negociación, ya que intervienen más elementos en la compensación total. Esta puede variar en tres o cuatro componentes (por ejemplo: salario, viáticos, cobertura médica y tarea) hasta en un amplísimo abanico de condiciones (proyecto, trabajo, vacaciones, automóvil, salario básico, promesas para el futuro, beneficios variables a corto y largo plazo, etcétera). En puestos jerárquicos o aquellos reclutados por *headhunters,* la conformación de la remuneración está dada por una multiplicidad de factores que, de lo más a lo menos concreto, podríamos enumerar como sigue:

- salario fijo;
- salario variable a corto plazo (es decir, un monto anual de cobro eventual de acuerdo con los objetivos cumplidos en el año);
- salario variable a largo plazo (esto es, a un plazo mayor a un año; suele darse en puestos ejecutivos);
- beneficios, y
- lo que denominamos el "salario emocional" o compensación simbólica (la marca, la calidad de vida, el reconocimiento, el trato con los jefes, calidad del lugar de trabajo, entre otros).

Este es el paquete de retribución total; a partir de él, se encara la negociación de las nuevas condiciones de trabajo. Cada aspecto de la negociación responde a uno de estos elementos, que se abordan desde lo más concreto hasta lo más intangible o etéreo.

- **Negociación del salario fijo.** En el caso de alguien que está siendo tentado a cambiar de empleo, se parte del monto que el candidato percibe en su empleo actual, se discute por cuánto está dispuesto a dejarlo y cuánto puede ofrecer la compañía.
- **Negociación del salario variable a corto plazo.** Ciertos cargos tienen acceso a bonificaciones especiales que por lo general se cobran a fin de año; quien deja un cargo, por supuesto, pierde su derecho a ese extra. Si nuestro candidato podía esperar, en su empleo actual, cobrar a fin de año un bono sujeto a resultados que representa el monto de cuatro sueldos, no querrá perderlo en el empleo nuevo. Frente a esto, el nuevo empleador puede ofrecerle, por ejemplo, un bono que sea de más valor con mayor exigencia de resultados.
- **Negociación del salario variable a largo plazo.** Aquí la incertidumbre es aún mayor, porque los beneficios

variables a largo plazo están muy vinculados al valor de la acción de la empresa, que tiene una incógnita de cobro mucho mayor. De hecho, puede suceder que la empresa intente atraer al candidato ofreciéndole acciones a un buen valor, pero que "maduran" recién dentro de diez años. Esto significa que, para beneficiarse efectivamente con esa compensación, el empleado deberá permanecer en la empresa al menos diez años… además de rogar que el valor de las acciones no se desplome durante ese período.

- **Negociación de los beneficios.** Son totalmente variables en cada caso. Para atraer a un candidato con el preciado beneficio del auto, un nuevo empleador puede ofrecer dos en vez del único que provee el actual empleador; es lo que ocurre en muchas de las compañías automotrices para cargos ejecutivos.

- **Quinta negociación: salario emocional.** Si bien se trata de un factor difícil de calcular, hay que tenerlo en cuenta también porque muchas veces termina siendo lo que determina la permanencia en el trabajo. Tal vez nos tentó la oferta de una empresa de juegos de azar (por ejemplo, de un casino) y aceptamos el contrato. Pero puede ocurrir que, con el tiempo, nuestro rechazo hacia esa actividad y/o hacia lo que significa para la vida de muchas personas y familias adquiera un peso relativo superior a los beneficios monetarios que, al principio, nos resultaban atractivos y los vuelva insuficientes para motivarnos y retenernos.

En el caso de las retribuciones variables sujetas a riesgo de cobro (segunda y tercera negociación), una práctica habitual es la de ofrecer lo que llamamos un *hiring bonus* ("bono de contratación"). Se trata de un monto a corto plazo negociado por única vez al momento del ingreso para compensar la pérdida de retribuciones que no recibiría al desvincularse de una compañía para ingresar a otra. El *hiring bonus* puede compensar un bono de fin de año o el riesgo que implica la retribución en acciones de la empresa. Si bien se negocia al momento del ingreso, el *hiring bonus* suele abonarse de manera escalonada, por lo general, a lo largo del primero o de los dos primeros años en el nuevo trabajo, ya que en la primera etapa el empleado recién incorporado tiene aún la posibilidad de volver a su empleo anterior. Incluso una vez acordado un pago escalonado, existe la posibilidad de que el empleado se vaya de la firma tras completar el cobro. En estos casos, algunos empleadores cometen el error de sentirse decepcionados ("esperó solo para cobrarlo") en vez de preguntarse por qué la empresa no supo retenerlo.

Negociar los honorarios profesionales

Todo lo que vimos hasta ahora se relaciona con un tipo particular de trabajo: el que se desempeña en relación de dependencia. No obstante, sabemos que en el mercado existen otros contratos que no son los laborales sino los de prestación independiente de servicios, ya sea por parte de profesionales (abogados, contadores, médicos, etcétera) o por quienes ejercen oficios (albañiles, plomeros, carpinteros, etcétera).

Si bien la legislación puede cambiar de país en país, el ejercicio de las profesiones y los oficios con frecuencia está sujeto a un régimen que regula honorarios de modo más o menos estricto. En el caso de muchos profesionales, por ejemplo, existen asociaciones gremiales o colegios profesionales que agrupan y brindan orientación a sus integrantes para la fijación de honorarios. Esto se debe a que, si bien el monto a cobrar por este tipo de trabajos es una decisión individual, tampoco es menos cierto que ese honorario fijado pueda tener un impacto importante en la actividad de los colegas.

Ya vimos el modo en que puede negociarse la compensación en el caso de un empleo en relación de dependencia, desde el más *Junior* hasta el de más alta jerarquía. Con respecto a la fijación de honorarios, retomemos brevemente lo explicado en el Capítulo 5 a propósito de las tres "C" (costo, cliente y competencia) y cómo se aplican en el caso de un trabajador independiente.

- **El costo.** Involucra diversos conceptos de la incidencia variada en el precio final del honorario. Tomemos por caso a un odontólogo. Su práctica deberá afrontar los siguientes costos.
  - De infraestructura y equipamiento. Se trata de costos en parte fijos y en parte variables. Así, mientras el alquiler se mantendrá invariable con respecto a la cantidad de pacientes, los consumos de electricidad se incrementarán según las consultas atendidas.
  - De materiales. Casi todos representarán un costo variable: medicamentos, insumos descartables y otros similares.
  - Impositivos y legales. Según la legislación de cada país, el profesional puede afrontar también cargos fijos (por ejemplo, la matrícula anual que lo habilita para el ejercicio) y cargos variables (impuestos a las ganancias).

En el ejercicio de un oficio, podríamos identificar un menú análogo de costos. Es probable que un pintor tenga un vehículo que use para transportar escaleras, brochas y demás herramientas (lo que antes englobé como infraestructura y equipamiento), lijas, fijadores y pinturas (materiales), y que deba pagar impuestos, contribuciones patronales si tuviera ayudantes y demás.

- **El cliente.** No es ningún secreto que, según el barrio, un buen cerrajero puede establecer un determinado precio por un servicio o el doble. Todos los profesionales y oficios establecen sus honorarios pensando, en parte, en las posibilidades del cliente.
- **La competencia.** A mayor competencia, menor libertad para fijar los precios. Esto es cierto tanto para un médico como para un carpintero o para el comercio de la esquina de mi casa. Las leyes de la oferta y la demanda determinan los precios, y por eso en muchos países existen limitaciones para la formación de monopolios.

Como ya explicamos en el Capítulo 5, la brecha entre nuestros costos unitarios y el rango de valores que informa el precio unitario de mercado, en principio, define la ganancia a la que podemos aspirar. Reproducimos la Figura 41.

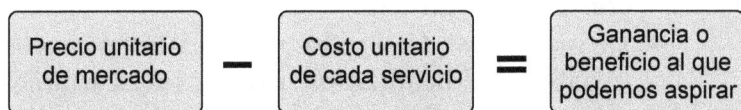

| Precio unitario de mercado | **−** | Costo unitario de cada servicio | **=** | Ganancia o beneficio al que podemos aspirar |

Figura 41. Estimación de la ganancia unitaria.

A la hora de establecer sus honorarios, quien ejerza un oficio o profesión tendrá en cuenta cuál es el costo de su estándar de vida y, conocida la ganancia unitaria posible, tendrá una aproximación de cuántos servicios deberá prestar al mes para cubrirlo. De esto se desprende cuántos clientes necesita atender según el rango de precios que sus competidores manejen y sus propias aspiraciones. La viabilidad del negocio –es decir, la posibilidad efectiva de que el profesional logre ese nivel de prestación de servicios– dependerá también de la situación de la demanda (escasa, suficiente, numerosa...). Si la demanda es mayor a la cantidad de prestaciones que el profesional puede ofrecer, aumentará sus honorarios y reducirá las horas de trabajo; o si quiere incrementar sus ingresos mantendrá el número de prestaciones.

A veces los honorarios se establecen en negociación con una empresa, por ejemplo, en acuerdos de *counselling* o asesoría para algún proyecto específico. En estas situaciones, los términos de la contratación se pactan de manera diferente en cada situación. La negociación dependerá, ante todo, de la necesidad que tenga la empresa de contar con profesionales especializados y de la oferta que haya de ellos en el mercado.

Una observación adicional. Fijar, negociar o pactar el precio de nuestros honorarios implica establecer en qué cifra del rango de valores que denominamos "precio de mercado" venderemos nuestro servicio. ¿Cómo saber o cómo elegir esa cifra? No existen fórmulas universales que puedan aplicarse de manera mecánica. Veamos un ejemplo.

Un diseñador web puede establecer los costos en que incurriría para crear una página de determinada complejidad y originalidad. Y también conoce el precio de mercado de ese servicio, digamos entre $ 100 y $350.[1] La "pregunta del millón" que obviamente se hará es: "¿A qué valor pueden y deben acercarse mis honorarios? ¿Al mínimo, al máximo, a un valor intermedio…?". La respuesta no solo dependerá de la amplitud del rango. Importará también evaluar cierto número de factores, entre los que se incluyen:

- el poder adquisitivo del cliente con quien esté negociando: "¿Qué presupuesto manejará? ¿Será como el don Pedro del Capítulo 5?";
- el carácter de la demanda: "¿Qué urgencia de mis servicios tiene este cliente? ¿Tiene un interés fuerte en esta contratación o para él mi servicio representa un consumo más o menos superfluo?";

---

1. Como ya expliqué, el signo "$" simboliza cualquier moneda.

- la interpretación de la demanda del cliente: "¿Qué busca este cliente al contratarme? Si cotizo un precio más bien alto (o más bien bajo), ¿cómo percibirá la calidad de mis servicios? ¿Los considerará menos valiosos si le parecen baratos?";
- la estrategia de posicionamiento profesional: "¿Quiero establecerme como proveedor de un segmento corporativo pyme o como proveedor de grandes empresas de servicios web? Este cliente, ¿pertenece al segmento de mercado que elegí como mi objetivo (*target*)?", y
- el valor táctico del cliente: "¿Este cliente podría ponerme en contacto con un segmento de mercado atractivo para mí? ¿Podría representar un antecedente especialmente valioso para mi currículum? ¿Estoy en condiciones de renunciar a una parte de mi ganancia en pos de lograr esos contactos o esos antecedentes?".

Como fácilmente podrá apreciar el lector, estas y otras preguntas conexas no tienen una respuesta válida para todos los casos y supuestos. Los clientes atractivos para un profesional pueden no serlo para otros. Idénticas circunstancias para alguien pueden significar una oportunidad y para otro una amenaza.[2] Las aspiraciones y las metas de un individuo pueden resultar indiferentes para otro. Lo importante es comprender que nuestra negociación de honorarios siempre debe llevarse a cabo considerando el aquí y ahora pero, como explicamos en el Capítulo 8, sin perder perspectiva.

Procesos de desvinculación

Buena parte de los divorcios entre las organizaciones y las personas se produce porque las etapas vitales en los seres

---

2. Cfr. la matriz FODA del Capítulo 8.

humanos cambian de manera diferente de las de las organizaciones; ni mejor ni peor sino diferente.

En efecto, uno de los principales motivos por los que las empresas colisionan con los empleados o sus talentos es que los vectores de crecimiento de cada parte van en direcciones diferentes. ¿Qué implica esto del "vector de crecimiento" para una u otra parte? En el caso de las organizaciones, se relaciona con factores tales como el aumento de sus bienes, sus ganancias, el emprendimiento de nuevos proyectos o el ingreso a nuevos mercados. En el caso de las personas, en cambio, la noción de crecimiento refiere a la capacidad para hacer cosas nuevas, diferentes, adquirir otros conocimientos, etcétera. En términos generales, el vector de crecimiento de una organización puede estar entre un 7 y un 10% anual, o incluso, en algunos casos, un 20% anual. Pero las personas no crecen de esa manera; aquí intervienen otros factores, tales como la edad, el grado de avance de los estudios y el involucramiento en la tarea realizada. En las etapas más jóvenes, las personas crecen profesionalmente a una velocidad mucho mayor; a medida que se acerca el momento de la jubilación, en muchos casos el crecimiento profesional ya no es una prioridad para la persona, y lo que era muy atractivo a los 30 años ahora ya no le parece que valga el esfuerzo. Podríamos decir que una persona de, por ejemplo, 50 años puede crecer a un 1% anual, mientras que una de 25 años puede tener un crecimiento del 25% anual. Ahora bien, ante una empresa que crece un 10% anual, queda claro que, por motivos opuestos, se produce un divorcio entre lo que la compañía ofrece y lo que las personas pretenden. Este divorcio puede llegar a hacer que una de las dos partes decida terminar con el vínculo laboral.

Un colega que se desempeña desde hace muchos años como gerente de Recursos Humanos de una organización de servicios me comentaba una situación que puede ilustrar bien ese punto. El personal a su cargo incluía un amplio espectro de situaciones. En esos días, se encontraba lidiando con dos casos paradigmáticos. Por un lado, una programadora joven que trabajaba en la compañía desde hacía un par de años y, al egresar de la universidad, acudió a mi colega en busca de nuevas oportunidades: "Siempre me sentí a gusto en esta organización y no quiero irme. Pero ahora que tengo el título, quiero crecer. ¿Qué pueden ofrecerme?". Conociendo la estructura de la empresa y las posibilidades de proyección, este gerente tuvo que reconocer que no tenía un horizonte de desarrollo para brindarle y, con mucho pesar, se encontró sugiriendo que quizás ese vínculo ya había dado todos los frutos que podía dar.

En el otro lado del espectro se encontraba un empleado con muchos años de antigüedad, próximo a la jubilación, al que todos apreciaban mucho, incluido el gerente. Con la idea de que quizás se sentiría estancado tras tantos años de cumplir las mismas funciones y con la intención de demostrarle su importancia para la empresa, mi colega lo convocó para proponerle desafíos. Estaban por sellar un acuerdo con un nuevo cliente y su experiencia sería de mucha ayuda para el equipo. Cuál fue su sorpresa cuando el empleado no solo no se interesó por el puesto sino que hasta se sintió algo intimidado. Comenzó a preguntarse, angustiado, si la organización consideraba que su trabajo estaba decayendo o –aún peor– si había algo malo que le querían decir. Tras una larga conversación, el gerente de Recursos Humanos comprendió que, desde la perspectiva de ese empleado, el momento del crecimiento ya había pasado, y ahora quería simplemente mantener una buena calidad de trabajo hasta llegar de la manera más tranquila posible a su jubilación. Mientras que en el primer caso aprendió que en esa coyuntura el ciclo vital de la empresa iba bastante por detrás del que podía explotar la flamante graduada, en el segundo se dio cuenta de que el crecimiento no necesariamente es un objetivo para todas las personas y que parte del trabajo de un gerente de Recursos Humanos es comprender los distintos ciclos vitales, tanto de la empresa como del personal que tiene a su cargo.

Los motivos de desvinculación. Aunque una manera posible de entender las desvinculaciones se relaciona con una diferencia entre los ciclos vitales de ambas partes, existe también un amplio espectro de causales posibles del divorcio entre una organización y su personal. Veamos algunas formas relacionadas con la salida, en función de su motivo u origen:

- mal rendimiento (desempeño deficiente por falta de aplicación del empleado o por causas involuntarias, por ejemplo, falta de capacidad para atender nuevos desafíos de la posición);
- problemas de potencial (el perfil del empleado no es consistente con las demandas de la posición);
- reestructuraciones (tercerización de funciones, reingeniería de procesos, cierre de operaciones y similares);
- dolo o delito cometido por una de las partes (acoso, faltas al compromiso de confidencialidad, etcétera);
- decisión del empleado.

En los primeros tres casos, la iniciativa corre por cuenta del empleador; la empresa es la que decide finalizar el vínculo laboral y deberá cumplir con los términos estipulados por la ley correspondiente (aunque, como veremos en seguida, existe una instancia de negociación de beneficios que pueden añadirse a los requisitos legales). El último motivo se aplica a Laura, nuestra programadora recién graduada. Ella toma la iniciativa de dar un paso al costado, pero aun así puede llegar a estar en buenas condiciones para negociar su partida. Antes de adentrarnos de lleno en los términos de la negociación, quisiera detenerme brevemente en considerar esta instancia en la que un empleado decide desvincularse de su empresa.

La desvinculación por decisión del empleado. Al igual que en otras instancias de la vida laboral, la decisión de irnos de una organización no puede tomarse "en caliente"; es un paso importante en el que intervienen muchas variables que deben tenerse en cuenta si no queremos cometer errores. Puede suceder, como en el caso de aquella programadora, que esté en juego una necesidad relacionada con el desarrollo profesional. Cuando se siente que en el trabajo en el que estamos hay un techo infranqueable y aspiramos a más. Sugiero, además, tener en cuenta la etapa del año; muchas veces estamos hartos del trabajo y su ritmo, cuando en realidad solo necesitamos unas buenas vacaciones.

Comenzamos entonces el proceso de búsqueda. Debemos asegurarnos, ante todo, que la organización que nos interesó –o convocó– ofrezca efectivamente un techo más alto que el que estamos dejando. Incluso en el caso en que la búsqueda no la emprendamos nosotros, sino que nos tienten desde otra empresa para que cambiemos de trabajo, tal vez tendamos a ver solo lo positivo de la nueva oportunidad y lo negativo del trabajo donde estamos actualmente. Si nos detenemos a pensarlo mejor, sin embargo, surgen inevitablemente las primeras preguntas: "Sinceramente, ¿qué me retuvo tantos años en el trabajo donde estoy? Algo bueno debe tener... Si se trata simplemente de cansancio por estar en el mismo puesto tanto tiempo, ¿hay algo del trabajo nuevo que me haga suponer que no voy a sentir lo mismo en breve? ¿Hay alguna manera de conseguir este cambio dentro de mi empresa actual, conservando los beneficios que ya conozco?". Más vale dedicar el tiempo necesario a madurar esta decisión que tomar impulsivamente un curso de acción del que podamos arrepentirnos.

La negociación de salida. Una vez apuntadas estas advertencias, volvamos ahora al momento de la desvinculación y la negociación que esta comporta. Al cambiar de organización, la negociación se da tanto con el empleador futuro, como con el que estoy dejando. Evidentemente, los términos del diálogo con cada uno serán diferentes.

El margen de negociación frente a la empresa del empleado que decide irse suele ser escaso. Si la organización no quería que se fuera, no tendrá ningún interés en alentar o facilitar el egreso. A lo sumo, el empleador podrá ofrecer una mejor oportunidad dentro de la empresa que haga un poco más tentadora la permanencia. Bajo ciertas circunstancias, sin embargo, esta dinámica es diferente y se da lo que llamamos una "renuncia negociada"; esto es, un proceso mediante el cual el empleado deja la empresa, pero acuerda con esta la cesión de algunas condiciones en su beneficio. Más allá del rango que ocupe, el empleado puede optar por embarcarse en este tipo de negociaciones, en especial cuando ha tenido una trayectoria extensa y provechosa en la empresa de la que se va.

Cuando la desvinculación es iniciativa de la empresa la historia es diferente. Aquí es más habitual que el proceso incluya una negociación de salida. El piso de este tipo de acuerdos queda establecido por lo que corresponde por ley. El paquete indemnizatorio legal, aunque varía de acuerdo con la legislación de cada país, suele dividirse en dos: el preaviso y la indemnización pura. En ambos casos, el cálculo se establece a partir de la cantidad de años trabajados: de esta manera, según la antigüedad del empleado y de las leyes vigentes quien es desvinculado percibe una alícuota sobre su último sueldo. Por encima de este piso, el empleado puede llegar a percibir (o negociar) beneficios adicionales en el momento de la salida (voluntaria o no). Estos pueden deberse a que:

- el empleado tuvo un buen desempeño en la empresa y se considera que merece un reconocimiento por ello;
- el saliente manejaba información confidencial o estratégica de la empresa y se quiere minimizar cualquier riesgo de que se indisponga con respecto a la organización que abandona;
- se busca dejar la puerta abierta para que un buen trabajador considere la posibilidad de volver a formar parte del equipo en el futuro, o
- el empleado saliente es un referente para el público con que interactúa la empresa (profesionales, consumidores, vecinos y demás) y, por lo tanto, se prefiere una buena salida.

En todos estos casos, el principio básico es tratar que la relación laboral concluya del modo más amigable posible para ambas partes. Cuanto más satisfecho se vaya el empleado con su experiencia en la empresa, mejor para todos.

Teniendo todo esto en mente, alguna de las partes puede proponer una serie de acuerdos a la hora de llevar adelante la desvinculación. Comienza así una negociación en la que cada uno elabora su propuesta de beneficios adicionales por encima de aquel piso legal. Estos suelen enmarcarse dentro del parámetro de la "compensación total"; es decir, incluyen no solamente el salario en dinero contante y sonante sino también otras retribuciones en especie (muchas de las cuales tal vez el empleado ya estaba percibiendo durante su vínculo laboral). "Indemnización especial a todo efecto", mayor cantidad de sueldos por indemnización, proporcional del bono por resultados que hubiera cobrado a fin de año... Son múltiples las maneras en que una empresa puede aportar a una salida satisfactoria. Y, como vimos, no se dan solamente en casos de desvinculación por iniciativa de la empresa, sino también –aunque en menor medida– cuando es el empleado quien decide migrar, en una renuncia negociada.

Tal como adelanté más arriba, existe la posibilidad de que la desvinculación se deba a mal rendimiento del empleado o a la reestructuración de la empresa. En ambos casos, muchas organizaciones acostumbran ofrecer beneficios adicionales al empleado saliente. En el primer escenario, esta oferta puede deberse al simple hecho de que con frecuencia es preferible acordar una desvinculación prolija que comprobar legalmente que el empleado es despedido con causa. El solo hecho de tener que reunir evidencia para comprobarlo durante su tiempo de trabajo, por ejemplo, sería sumamente dañino para la relación profesional que aún persiste y el empleado bien podría sentirse discriminado o perseguido. En el caso de que el mal rendimiento no implique una causal legal de despido, pero igualmente choque con los estándares de la empresa (por ejemplo, cuando se llega a una diferencia de ciclos vitales tal como expliqué con anterioridad), con más razón la empresa querrá ofrecer una buena salida a su empleado. Lo mismo sucede cuando se trata de una reestructuración; es el caso de los cambios de tecnología, cierres de planta, entre otros. Aquí, la empresa –por lo general– ha elaborado un plan de acción en el que replantea su presupuesto o accede a partidas especiales de su casa matriz para terminar una determinada cantidad de contratos de manera satisfactoria para ambas partes.

Situaciones particulares. La negociación de salida puede contemplar a veces situaciones especiales. Los acuerdos de confidencialidad, por ejemplo, suelen acompañar las desvinculaciones de quienes ocupan puestos de alta jerarquía. Algo similar ocurre con la restricción sobre futuros empleos. En el primer caso, la empresa compromete a la persona saliente a no revelar la información sensible para la organización aun después de desvincularse. En el segundo, se la imposibilita de trabajar para la competencia por un tiempo. Los términos y posibilidades de este tipo de acuerdos dependerán de lo que avale el régimen legal bajo el que se enmarca cada contrato de trabajo. Por lo general, el margen de negociación que tiene la empresa es escaso, ya que la firma de un acuerdo de confidencialidad o de limitación de trabajos futuros suele estar imposibilitado por el principio legal de libertad laboral: todas las personas tienen derecho a escoger libremente su trabajo, siempre que no sea ilícito.

No hay que pensar que esto sucede solo en el nivel de las grandes corporaciones internacionales. Puede ser el caso, por ejemplo, de una persona que se ocupa de evaluar la política de precios de una cadena de comercios y es convocada para trabajar en la competencia. O de alguien que se desempeña en una compañía y lleva consigo una cartera de clientes. Pensemos, sin ir más lejos, en una persona que se dedica a la venta de productos fitosanitarios (es decir, de prevención y curación de las enfermedades de las plantas). Se trata de productos que tienen como característica ser un *commodity*: las principales marcas del rubro ofrecen bienes elaborados con los mismos ingredientes, que tienen los mismos efectos secundarios e igual distribución, lo único que cambia, levemente quizás, es el precio y el servicio comercial que ofrece. Por este motivo, mantener intacta su cartera de clientes será muy fácil para quien se transfiera de una empresa del rubro a otra… ¡y muy perjudicial para su ex empleador!

Negociar un nuevo empleo

Salvo casos puntuales de renuncias negociadas o acuerdos de confidencialidad, las condiciones son tales que la negociación se enfoca más en el futuro empleador que en el anterior. Es hora de definir los términos de la contratación, y además de todo lo visto hasta ahora acerca de los factores para tener en cuenta a la hora de negociar existen un par de puntos más a considerar que se dan por el hecho particular de que se está dejando un empleo anterior para embarcarse en otro nuevo.

El traspaso de un empleo a otro incluye siempre una cierta dosis de incertidumbre. ¿Me sentiré a gusto? ¿Cumplirá con mis expectativas? ¿Me arrepentiré de haber dejado aquel lugar al que ya me había adaptado tan bien? Pero en algunos casos puede ser realmente un movimiento en verdad arriesgado. Entonces los términos de la incorporación pueden incluir lo que llamamos un *golden parachute* ("paracaídas de oro"): un convenio o acuerdo en el que el empleador se compromete, aun si el vínculo laboral no prospera, a asegurar una cierta cantidad de beneficios al ingresante. En otras palabras, sin importar lo que suceda en el nuevo empleo, la empresa contratante abonará lo acordado durante un plazo, por ejemplo, de un año. Cláusulas como esta son habituales en el mundo del deporte profesional, en el cual se prevé que el rendimiento de un jugador de fútbol o un director técnico puede no cumplir con las expectativas o no cuadrar con el proyecto del equipo. Entonces se incluye un *golden parachute* para que, en caso de no prosperar, el jugador pueda ser desvinculado del equipo sin un perjuicio económico para él. No obstante, al momento de retirarse, quien se va puede preferir renegociar esta cláusula con el objetivo de terminar todo vínculo con su empleador y recuperar su libertad para ingresar nuevamente en el mercado (y, eventualmente, ingresar en otro equipo).

El caso al que me referí más arriba, de dos hermanos que heredan la empresa de su padre y buscan una mano fuerte en finanzas, es un buen ejemplo de esto. Quien sea contactado por aquel *headhunter* hará bien en ser precavido: después de todo, lo que le están proponiendo es pasar de una empresa internacional y reconocida, de la que ya sabe el funcionamiento, donde ha logrado armar un buen equipo de trabajo y hasta ha planeado jubilarse y disfrutar de su inversión en acciones... para sumarse a una gran incógnita. ¿Cuánto interferirán los nuevos dueños en el proceso? ¿Se pelearán entre ellos a poco de tomar el cargo haciendo añicos el proyecto de la empresa? ¿Querrán simplemente que ponga en orden las finanzas y luego no tendrán más estímulos para ofrecer? ¿Con qué criterio armarán su equipo de trabajo? El *golden parachute* servirá para compensar el riesgo de semejante migración.

PARA SEGUIR CONVERSANDO

Hemos llegado al final del libro. Me propuse poner en palabras lo que hago cotidianamente como especialista en Recursos Humanos, pero sin olvidar la vivencia personal de las innumerables y variadas emociones, proyectos, ilusiones y metas que juegan tras una búsqueda laboral, una postulación a un ascenso o el ingreso a la profesión para la cual nos hemos formado. En suma, he intentado que las herramientas que aquí presento den cuenta, respeten e incluyan la trascendencia que para los seres humanos tienen su realización laboral y la compensación recibida por su trabajo.

En esta empresa conté con la colaboración, el apoyo y los aportes de Verónica Piasco. Una vez más, agradezco a ella no solo la generosidad de compartir sus conocimientos sino el haber aplicado su sensibilidad personal al tratamiento de los temas a su cargo. Este libro, además, es deudor de muchas otras personas, de Blanca, don Pedro, Santiago, Florencia, Matías y tantos, tantos otros que compartieron y comparten conmigo cotidianamente sus pequeñas historias, historias chiquitas que, poquito a poco, sumadas unas a otras, conforman la gran historia de sus vidas. A todos ellos, mi reconocimiento también.

Y a usted, paciente lector, lo invito a contarme la suya, su historia. Y cómo le fue con el libro. Qué encontró en él de bueno y qué cree que le faltó. Porque a pesar de los muchos años de trabajar en esto siento que quiero y puedo seguir aprendiendo. Afortunadamente.

BERNARDO HIDALGO
misalario-libro@bhidalgo.com.ar

ACERCA DE LOS AUTORES

Bernardo Hidalgo

Es titular de Grupo Hidalgo (www.hidalgoyasociados.com.ar). Licenciado en Relaciones Industriales por la Universidad Argentina de la Empresa (UADE), realizó estudios de posgrado en Sociología del Trabajo (UADE) y cursó la Maestría en Administración de Negocios dictada por IDEA.

Como especialista en Gestión del Talento, ha sido convocado por algunas de las compañías más importantes de América Latina, entre las que se cuentan Techint, Bayer, Toyota, Johnson & Johnson, Philip Morris. En su área de especialidad, Bernardo Hidalgo desarrolla también una intensa labor académica. Desde hace más de 15 años, se desempeña como profesor de los posgrados y las maestrías de la UADE Business School, y en las cátedras de Comportamiento Organizacional, Gestión del Desempeño, y de Compensaciones de la Universidad de San Andrés y de la Universidad de Palermo. Dicta conferencias en la Universidad del CEMA y en la Universidad Empresarial Siglo XXI. Asimismo, es profesor titular de la cátedra de Compensaciones de la UADE Executive Education.

Es autor de *Remuneraciones inteligentes. Una mirada sencilla de atraer, retener y motivar al talento* (Ediciones Granica, 2011).

María Verónica Piasco

Licenciada en Relaciones Humanas y Públicas, ha completado el Programa Desarrollo Directivo (PDD) de la IAE Business School. Es Coach Ontológico egresada de Newfield Network. Especialista en Desarrollo Organizacional y Coach Ejecutiva, participó en el diseño y la implementación de procesos de capacitación, selección, detección de potencial, evaluación de desempeño, comunicaciones y clima organizacional en la Argentina, Uruguay, Paraguay, Bolivia, Chile y los Estados Unidos.

Cuenta con 27 años de trayectoria en el área de Recursos Humanos, desarrollada en empresas multinacionales de primer nivel (Arcor y Laboratorios Roemmers) desempeñando posiciones ejecutivas y recogiendo una importante experiencia en el área comercial.

En la actualidad, es Directora de Recursos Humanos y miembro del Comité Ejecutivo en Brinks Argentina. Asimismo, es profesora de la asignatura Comportamiento Organizacional (Maestría en Gestión de Servicios Tecnológicos y de Telecomunicaciones de la Universidad de San Andrés).